AF203541

Der Autor:

Dieter Hildebrandt, geboren 1927 in Bunzlau, Niederschlesien, studierte in München Theaterwissenschaften. Zusammen mit Sammy Drechsel gründete er die Münchner Lach- und Schießgesellschaft, deren Ensemble er bis 1972 angehörte. Von 1974 bis 1982 arbeitete er mit dem Kabarettisten Werner Schneyder zusammen. Seine TV-Serien *Notizen aus der Provinz* und *Scheibenwischer* wurden große Erfolge. Berühmtheit erlangte er auch durch seine Rollen in Kinoproduktionen wie *Kir Royal* und *Kehraus*. Hildebrandt erhielt zahlreiche Auszeichnungen, darunter den Grimme-Preis in Gold, Silber und Bronze. Bis zu seinem Tod im November 2013 lebte Dieter Hildebrandt mit seiner zweiten Frau, der Kabarettistin Renate Küster, in München.

Dieter Hildebrandt

Letzte Zugabe

Zeichnungen von Dieter Hanitzsch

WILHELM HEYNE VERLAG
MÜNCHEN

Der Verlag weist ausdrücklich darauf hin, dass im Text enthaltene externe Links vom Verlag nur bis zum Zeitpunkt der Buchveröffentlichung eingesehen werden konnten. Auf spätere Veränderungen hat der Verlag keinerlei Einfluss. Eine Haftung des Verlags ist daher ausgeschlossen.

MIX
Papier aus verantwortungsvollen Quellen
FSC® C014496

Verlagsgruppe Random House FSC® N001967

Taschenbucherstausgabe 05/2017

Copyright © 2014 by Karl Blessing Verlag, in der Verlagsgruppe Random House GmbH, Neumarkter Straße 28, 81673 München
Der Wilhelm Heyne Verlag, München, ist ein Verlag der Verlagsgruppe Random House GmbH
Umschlaggestaltung: Hauptmann & Kompanie Werbeagentur, Zürich, unter Verwendung eines Fotos von © dpa/Rudolf Klaffenböck
Satz: Buch-Werkstatt GmbH, Bad Aibling
Druck und Bindung: GGP Media GmbH, Pößneck
ISBN: 978-3-453-60412-4

www.heyne.de

INHALT

ZU DIESEM BUCH

Im Frühjahr 2013 rief Dieter Hildebrandt mich an und fragte, ob der Verlag vielleicht an einem Buch von ihm, seinem letzten, interessiert sei. Ich sagte nur, das sei eine erstaunliche Frage. Schließlich kam sein erstes Buch *Was bleibt mir übrig* 1986 bei Kindler heraus, dessen Chef damals Karl Blessing war. Und alle folgenden Werke erschienen im Karl Blessing Verlag. Ich fügte hinzu, dass Blessing, der ihm bis zu seinem Tod ein guter Freund gewesen war, darüber entzückt wäre. Auch ich, der ich ihn, den bewunderten Autor, seit damals als Lektor begleitet habe, würde mich sehr freuen, dieses Buch mit ihm zu machen. So würde sich der Kreis aufs Schönste schließen.

Nach unserem munteren Gespräch rief Hildebrandt seinen langjährigen Freund Dieter Hanitzsch an – in Zeiten des gemeinsamen Projekts *stoersender.tv* nannten sie sich HaDi und HiDi –, und dieser zeichnete sofort den hier abgebildeten Coverentwurf zum damals vorgesehenen Titel *Kommen Sie zum Schluss, Hildebrandt!*, und HiDi begann zu schreiben. In der Mitte des Jahres wurde

er zunehmend schwächer, das Schreiben fiel ihm schwerer, er blieb aber voller Enthusiasmus, voller Pläne.

Am 20. November 2013 starb Dieter Hildebrandt.

In mehreren Ordnern fand ich neben seinen Skizzen für dieses Buch Texte aus den Jahren 2011 bis 2013, die uns noch einmal den Witz, den Geist, die Ernsthaftigkeit, das Spielerische wie Politisch-Kämpferische dieses bedeutendsten deutschen Satirikers der letzten 50 Jahre zeigen.

Und für Roger Willemsen, Dieter Hildebrandts letzten Bühnenpartner, ihr grandioses, umjubeltes Programm hieß *Ich gebe Ihnen mein Ehrenwort! Die Weltgeschichte der Lüge*, war es ein Herzensanliegen, ein Nachwort zu schreiben.

So haben wir drei uns zusammengefunden, die Erinnerung an unseren Freund wach und lebendig zu halten.

Rolf Cyriax
München, im März 2014

Rede anlässlich der Verleihung des Erich-Kästner-Preises

Hochgeschätzte Damen und Herren des Dresdner Presseclubs, die als 160-köpfige Jury mich zum Preisträger des Erich-Kästner-Preises erkoren haben, und meine Damen und Herren, die sich diesen Vormittag freigehalten haben, um meinem Laudator Roger Willemsen zuzuhören, und nun gezwungen sind, meine Verteidigungsrede anzuhören.

Mir sind schon eine ganze Reihe von Preisen zugefallen, die, wie Gerhard Polt gesagt hat, unnachsichtig ihre Träger suchen und finden. Dieser Preis hat mich sehr gefreut. Ich danke Ihnen.

Die Reaktion einiger Kollegen war ungefähr so: »Was kriegst du schon wieder? Was? Den Erich-Kästner-Preis? Ja, schöön. Wieso das denn?«

Mein hochgeehrter Laudator Roger Willemsen hat versucht, in wohltuenden Sätzen die Gründe dafür darzulegen, und hie und da vielleicht etwas übertrieben. Aber gerade dafür danke ich ihm von Herzen. Das ist vielleicht das Einzige, das mich mit meiner Bundeskanzlerin verbindet: »Wir beide können Lob vertragen.«

Vielleicht darf ich bei dieser Gelegenheit den Versuch wagen, ihn zu beschämen, indem ich Ihnen, meine Damen und Herren, ganz im Vertrauen mitteile: Einen Mann wie Roger Willemsen hätte ich, als ich in den 50er-Jahren in München in den Geisteswissenschaften herumstudierte, liebend gern als Professor gehabt. Ich hätte meine Doktorarbeit zu Ende gebracht, die ich abbrach, weil ich das peinigende Gefühl bekam, dass ich unwillentlich dauernd von jemandem abschreibe, und wäre etwas Vernünftiges geworden.

Stattdessen hörte ich missmutig Professoren zu, die die

Weimarer Republik und das Dritte Reich mühelos überstanden hatten, schrieb Referate über *Malte Laurids Brigge*, Andreas Gryphius und seinen *Horribilicribrifax*, nahm an Kolloquien teil, in denen von Ossietzky, Tucholsky, Jacobson oder Erich Kästner nie die Rede war, geschweige denn von Erich Mühsam, Toller oder Feuchtwanger, begann mich zu ärgern, schrieb einige Texte, spielte sie in Laienspielgruppen vor, sofern ich Zeit dafür fand, denn ich musste mein Studium verdienen. Und da hatte ich das unverschämte Glück, einen Freund zu finden, der einen Fuß in die Tür meines angebeteten Theaters, nämlich der Kammerspiele, gebracht hatte und in diesem Haus eine Blitzkarriere startete – und das war August Everding. Ich wurde da nichts, aber reingelassen, wenn ich wollte.

Eines Vormittags, es war im November 1954, hielt Erich Kästner anlässlich des Gedankens an die Frauen und Männer des deutschen Widerstands eine Rede über die deutsche Vergesslichkeit. Unten, in den ersten Reihen des Theaters, saßen alle wiedergekehrten Emigranten, saßen Kortner, Hollaender und sein bester Freund Hermann Kesten. Kästner hat an diesem Morgen eine Rede gehalten, die meine Ohren für die Politik dieser neuen Republik weit geöffnet hat. Sie war eine der Ursachen, die mich bewogen haben, alle anderen Ziele aufzugeben und einen Platz zu finden, an dem ich meine Gedanken äußern könnte. Mit Ihrer Erlaubnis möchte ich einen Teil der Rede zitieren.

Von der deutschen Vergesslichkeit
Als Friedrich Wilhelm I. von Preußen, der Soldatenkönig, eben jener Hohenzoller, der den Sohn und präsumptiven Nachfolger beinahe hätte hinrichten lassen, ein Regiment inspizierte, schlug er, aus geringem Anlass, einen Major mit

dem Krückstock. Daraufhin zog der Major, angesichts der Truppe, die Pistole und schoss, knapp am König vorbeizielend, in den Sand.

»Diese Kugel«, rief er, »galt Ihro Majestät.«

Dann jagte er sich, unter Anlegen der bewaffneten Hand an die Kopfbedeckung, die zweite Kugel in die eigene Schläfe.

Es lohnte sich nicht, diese kleine Geschichte zu erzählen, wenn es in unserer großen Geschichte viele ihresgleichen gäbe. Aber es ist eine verzweifelt einsame, eine zum Verzweifeln einsame kleine deutsche Geschichte.

Wir stehen vor jeder Autorität stramm. Auch vor dem Größenwahn, auch vor der Brutalität, auch vor der Dummheit – es genügt, dass sie sich Autorität anmaßen. Unser Gehorsam wird blind. Unser Gehorsam wird taub. Und unser Mund ruft: »Zu Befehl!« Noch im Abgrund reißen wir die Hacken zusammen und schmettern: »Befehl ausgeführt!« Wir haben gehorcht und sind es nicht gewesen. Und Courage blieb ein Fremdwort. Die Frauen und Männer des deutschen Widerstands haben versucht, haben wieder versucht, dieses Wort einzudeutschen. Sie setzten Ehre und Leben aufs Spiel, und sie verloren beides. Ihr Leben konnte man ihnen durch kein Wiedergutmachungsverfahren rückvergüten.

Stellen Sie sich vor, man hätte es gekonnt. Stellen Sie sich die allgemeine und die amtliche Ratlosigkeit nur vor. Diese Frauen und Männer als Heimkehrer aus dem Jenseits mitten unter uns! Welch ein Drama. Was für eine deutsche Tragikomödie.

Sie opferten Leben und Ehre. Hat man ihnen wenigstens ihre Ehre wiedergegeben? Nicht ihre Offiziersehre, nicht ihre Pastorenehre, nicht ihre Gewerkschaftsehre, nein, ihre mit Gewissensqualen und dem Tod besiegelte, mit Folter und

Schande besudelte, am Fleischerhaken aufgehängte menschliche Ehre und wahre Würde?

Ich denke dabei nicht an die Umbenennung von Straßennamen, die Niederlegung von Behördenkränzen und ähnliche Versuche, den Dank des Vaterlandes nach dem Muster des Teilzahlungssystems in bequemen Raten abzustatten. Sondern ich frage: Hat man versucht, diese Männer und Frauen in unserer vorbildarmen Zeit zu dem zu machen, was sie sind? Zu Vorbildern?

Man gedenke ernstlich der Beispiele. Man schaffe die Vorbilder. Und man tue es, bevor der Hahn zum dritten Male kräht.

Als Erich Kästner diese unvergessliche Rede hielt, wusste er, dass im deutschen Bundestag Abgeordnete saßen, die nicht einmal hohe Nazis waren, sondern lediglich die Nachkommen der alten Deutschnationalen aus der Weimarer Republik, die laut verkünden durften, dass sie die Männer des 20. Juli für Verräter halten, die zu Recht aufgehängt worden seien.

Aber die nächsten Vorbilder, die wahrhafte Vorbilder bis zum heutigen Tage sind, wurden Monate später in diesem Jahr 1954 gefeiert. Es waren die »Helden von Bern«. Der Fußball gab uns die Ehre zurück. So wird es heute noch gesehen.

Mit Kästner gesagt:

> »Ob Sonnenschein, ob Sterngefunkel:
> Im Tunnel bleibt es immer dunkel.«

Erich Kästner war und ist mein Vorbild. Es begann mit den Kästnerkindern in seinen Kinderbüchern, die nicht über Kinder, sondern für sie geschrieben waren. Dann wurde es still um ihn. Bis Hans Habe die erste deutsche Zeitung nach Kriegsende herausgab. *Die Neue Zeitung* aus München. Kästner war ihr Feuilletonchef. Kurz danach gründete er das Kabarett *Die Schaubude* in der Münchner Reitmorstraße. Viele seiner Leser hatten nicht gewusst, dass Kästner in den Jahren von 1925 bis 1933 zu den wichtigsten politischen Satirikern Deutschlands gehörte. Neben Tucholsky, neben Mühsam und Ossietzky in der *Weltbühne* von Siegfried Jacobson, die allesamt zutiefst verhasst waren bei den Nazis, denn ihre klare politische Haltung, die sich in Verachtung von Krieg, Revanchismus und Kapitalismus ausdrückte, brachte sie auf die vordersten Plätze der schwarzen Liste der Braunen.

Natürlich wurde Kästner nach 1945 gefragt, was ihn denn nach Hitlers Machtübernahme in Deutschland gehalten hat. Hat er sich arrangiert? Wie kam es, dass er überlebt hat? Waren es die berühmten Detektive? War es Emil? Hatte er Gönner?

Die Wahrheit ist, dass er es selbst nicht gewusst hat. Er rechnete ständig damit, dass morgens um sechs Uhr die Gestapo an seine Tür klopft. Zweimal wurde er verhaftet, aber wieder freigelassen. Vielleicht haben ein paar Geliebte ihre Hand im Spiel gehabt. Ich halte das für sehr wahrscheinlich. Kästner war ein Vielgeliebter, ein »womanizer« würde man heute sagen. Nach eigenen Aussagen hat er natürlich in Angst gelebt.

Seine Freunde, die das Land verlassen hatten und in Angst um ihn im Ausland lebten, sagten: Er hat das Land nicht verlassen, weil er Angst hatte um seine Karriere, er hatte Angst um seine Mutter. Die Karriere war nie abgebrochen. Als er das erste Kabarett nach dem Kriege, *Die Schaubude,* eröffnete, strömten die Menschen wie ausgehungert in das kleine Theater. Den Großteil der Texte schrieb Kästner, ein paar Freunde aus alten Berliner Zeiten steuerten dieses oder jenes bei, und sein Star, die wunderbare Ursula Herking, riss die Menschen mit.

Es war schwer, sehr schwer, für diese Vorstellungen Karten zu bekommen. Für Geld bekam man nichts. Es spielte damals wirklich keine Rolle. Wer hineinwollte, musste mit Speck, Eiern oder Briketts bezahlen. Als dann, plötzlich und unerwartet, die Währungsreform kam, blieben die Zuschauer weg. Das Haus wurde geschlossen.

In dieser Zeit kästnerte es in München allerorten. Kästner-Abende – Kästner-Chansons – Kästner-Lesungen in Schwabing. Mitleidlos wurden seine Gedichte vertont, bearbeitet, inszeniert, verfeatured und massakriert. Niemand, so dachte man, wird ihn überreden können, selbst noch einmal in das politische Kabarett einzugreifen.

Trude Kolman, aus London gekommen, hat es geschafft. Sie gründete mit ihm zusammen *Die Kleine Freiheit*. Ein Kellerraum mit 160 Plätzen, einer kleinen Bühne, aber mit einem hochkarätigen Ensemble, in dem ich mit Glück den Job als Kartenabreißer, Programmheftverkäufer und Platzanweiser bekam. Der Lohn war auch für damalige Verhältnisse ein Mindestlohn. Aber für einen armen Studenten waren vier Mark ein Zehntel der Miete.

Als ich das erste Mal das Theaterchen betrat, das Haus, in dem der große Erich Kästner die Texte schrieb, hatte ich das Gefühl, einen großen Schritt auf meinem Weg zum Ziel, nämlich eines Tages ein großer Theatermann zu werden, getan zu haben. Natürlich konnte ich nicht diese wichtige Position übernehmen, ohne mir einen dunklen Anzug zu besorgen. Ich zahlte einen schon recht abgetragenen an, stellte aber fest, dass an der linken Schulter ein hässlicher, glänzender Fleck war, der nicht zu beseitigen zu sein schien. Das machte mich zutiefst unsicher.

Eines Tages stapfte ein sehr rundbäuchiger Mann schnaufend die Treppe zu unserem »Foyer« herunter, und ich sagte zu unserer Kassiererin: »Der hat das Wirtschaftswunder schon vorgefressen.« In dem Moment deutete er auf meine unangenehme Glanzstelle an der Jacke und brüllte mit einer fetten Lache: »Geiger, wat?«, und ich, beleidigt, deutete auf seine Wampe und sagte: »Schwanger, wie?« Da lachte neben mir ein elegant gekleideter, gutaussehender Herr laut, und das war Erich Kästner.

Dann verlangte er ein Programmheft und gab mir eine Mark Trinkgeld. Immerhin 25 Prozent meines Einkommens. Große Leute nehmen kleine Leute wahr.

Ein ganzes Jahr später – ich hatte meine einträgliche Stellung als Programmheftverkäufer inzwischen aufgegeben und ein Studentenkabarett gegründet – traten wir bei einer Gewerkschaftsmatinee auf, die die Wiederbewaffnung zum Thema hatte. Und während meines Solos sah ich Erich Kästner in der ersten Reihe mehrmals locker lachen. Sofort verlor ich den Faden, rutschte aus der Form und war ganz schlecht.

Nach der Vorstellung, ich wollte mich deprimiert aus dem Saal schleichen, stand Kästner lächelnd vor mir, sagte etwas Tröstendes und lud mich zu einem Kaffee ein. Es war der Beginn einer Reihe von kleinen Höhepunkten in meinen Anfängerjahren. Falsch, es war *der* Höhepunkt. Denn von diesem Augenblick an nickte er mir zu, wenn wir uns begegneten. Das taten wir täglich. Pünktlich um 10 Uhr. Er saß an jedem Morgen in einem Café, dem *Café Freilinger* in München-Schwabing, mit seiner Sekretärin und schrieb. Schrieb an einem Theaterstück, schrieb Artikel. Das heißt, er ließ schreiben. Er diktierte. Auf diese Weise konnte ich mir jeden Morgen ein Lächeln von Erich Kästner holen.

Dies war zu einer Zeit, als er sich für die Probleme der neuen Republik Deutschland stark engagierte. Er marschierte bei Demonstrationen in der ersten Reihe, veranstaltete

Mahnwachen gegen Krieg und Rüstung, hielt Reden gegen die Atombewaffnung und seine alten Feinde, die Nazis, und zwar die, die den sogenannten Zusammenbruch glänzend überstanden hatten, die in den Chefetagen von Daimler-Benz und Thyssen und Ruhrstahl saßen, die sich noch aus alten SS-Zeiten kannten und gute Verbindungen zu dem Chef des Bundesnachrichtendienstes Gehlen pflegten, der wiederum die guten Zeiten bei der Gestapo hatte.

Der mit einer winzigen Mehrheit, die aus ihm selbst bestand, gewählte Konrad Adenauer hatte keine Bedenken, mit Schurken zusammenzuarbeiten, um die erste Demokratie in Deutschland aufzubauen. Mit großem Nachdruck und grotesker Feierlichkeit betonte er bei jeder Gelegenheit, dass dieser neue Staat auf christlicher Grundlage gesockelt sei. Was er nicht betonte, was aber jeder wusste, war die Tatsache, dass es sich dabei um einen katholischen Sockel handelte.

Die Wahl der neuen Hauptstadt, kopfschüttelnd nahm man das Ergebnis zur Kenntnis: Bonn? Wie? Bonn! Dieses kleine unschuldige Städtchen sollte das Zentrum dieser Republik sein? Natürlich, denn es war das Zentrum des rheinischen Katholizismus mit guten Bindungen an den bayerischen Klerikalmonarchismus. Der überwiegend evangelische Osten konnte nicht mehr stören, besonders nicht mehr nach dem Bau der Mauer, und eine sogenannte Wiedervereinigung wurde in Bonn nur noch an diesbezüglichen Feiertagen beflissen erwähnt.

Kästner, der Sachse aus Überzeugung, hämmerte mit seinen Texten für *Die Kleine Freiheit* auf die Scheinheiligen in Bonn ein. Er hatte inzwischen einen Mitstreiter, Martin Morlock, den ich heute noch zu den besten deutschen Kabarettautoren zähle. Frühere Kollegen aus Berlin-Zeiten Kästners stießen dazu, und ich erinnere mich an wunderbare Szenen der Wiederbegegnung.

Hermann Kesten hatte einmal in den Kammerspielen an den Tag des 9. November 1938 erinnert und Kästners Gedicht zitiert, das erst nach 1945 veröffentlicht werden konnte.

Als die Synagogen brannten

Der junge SA-Mann:
Wo steckt Jehova nun, der nie verzeiht?
Ist er, Adresse unbekannt, verzogen?
Der alte Jude:
Gibt's einen Gott, gibt's auch Gerechtigkeit,
Wenn's keinen gibt, was braucht's da Synagogen?

Würde Kästner heute von leitenden Damen und Herren sowohl der öffentlich-rechtlichen als auch der privaten Fernsehsender umworben werden?

Ich habe das einmal wissen wollen und fragte einen Frager in einem Interview zurück, was er von dem politischen Satiriker Erich Kästner halte. Mein Interviewer, 31 Jahre alt, offensichtlich ein Mann von Bedeutung in seinem Sender, schaute mich verdutzt an und wollte wissen, ob es den politischen Kästner überhaupt gegeben hätte. Er kenne Kästner nur aus seinen Kinderbüchern. Der junge Mann war leitender Redakteur, Dr. phil. und hielt Nestroy für einen englischen Operettenkomponisten. Gewiss wird dieser wackere Mann gute Arbeit leisten für seinen Sender. Bestimmt kennt er sich in allen Ausformungen der Medien aus, weiß um die magnetische Kraft der wissensentkernten Jugend, wäre ein fabelhafter Redakteur für Sendungen über »Leute von heute« oder Geschlechterquizevents.

Das alles hat es freilich schon gegeben. In der *Weltbühne* des Jahrgangs 1930 fand ich ein Gedicht von Kästner, das im Zeitalter der Heidi Klum hätte geschrieben werden können.

Sogenannte Klassefrauen

Sind sie nicht pfui teuflisch anzuschauen?
Plötzlich färben sich die ›Klassefrauen‹,
Weil es Mode ist, die Nägel rot!
Wenn es Mode wird, sie abzukauen
Oder mit dem Hammer blauzuhauen
Tun sie's auch. Und freuen sich halbtot.

Wenn es gälte, Volapük zu lernen
Und die Nasenlöcher zuzunähn
Und die Schädeldecke zu entfernen
Und das Bein zu heben an Laternen –
Morgen könnten wir's bei ihnen sehn.

Denn sie fliegen wie mit Engelsflügeln
Immer auf den ersten besten Mist.
Selbst das Schienbein würden sie sich bügeln!
Und sie sind auf keine Art zu zügeln,
Wenn sie hören, dass was Mode ist.

Wenn's doch Mode würde, zu verblöden!
Denn in dieser Hinsicht sind sie groß.
Wenn's doch Mode würde, diesen Kröten
Jede Öffnung einzeln zuzulöten!
Denn dann wären wir sie endlich los.

Käme Erich Kästner nur für einen Tag zurück, er würde nicht ausreichen, um ihm zu erzählen, wie weit wir bereits auf diesem Wege gekommen sind.

Gegenwärtig erregen sich Parteien, Journalisten, Professoren und ganze Regimenter von Beobachtern der politischen

Szene über die sensationelle Mitteilung eines »Whistle-blowers« (zu Kästners Zeiten hätte man vielleicht Betriebs-petzer gesagt), dass die Amerikaner uns Deutsche seit vielen Jahren überwachen, dass sie unsere Daten haben. Als Kästner für *Die Neue Zeitung* arbeitete, als er für das Kabarett *Die Schaubude* schrieb, wer SS-Standartenführer oder Fähnlein-führer gewesen ist, wurden sämtliche Gespräche abgehört. Gewundert haben sich die Bürger jetzt nur, dass ihre Regie-rung nichts davon gewusst hat.

Das ist ein Grund dafür, dass Zeitungen bei uns nie abge-schafft werden können! Warum? Weil unsere Regierenden sol-che Sachen, nach eigenen Aussagen, immer erst aus der Zei-tung erfahren.

Natürlich haben wir sofort wütend protestiert. Unser In-nenminister, der, als bekannt wurde, dass Neonazis neun Men-schen ermordet hatten, spontan ausrief: »Die RAF ist wieder da.« Dieser Innenminister Friedrich, eine bayerische Leihga-be, ist spontan nach Washington geflogen, um sich bitterlich zu beschweren.

In ganz Europa hat sich Empörung verbreitet. Anhand die-ser Whistleblower-Causa ist jetzt bewiesen worden, dass der Mensch doch nicht vom Affen abstammt, sondern von der Duckmaus. Ebenso ist klar, dass die Apokalypse nicht, wie immer wieder behauptet wird, die Ratten überleben, sondern die Wanzen.

Sie werden mir zustimmen, meine Damen und Herren, wenn ich in diesen Krisenjahren behaupte: Ein Kästner täte uns gut.

Dresden, 1. September 2013

Gedankensplitter I

Als dem kleinen Detlev die Zähne übereinanderwuchsen, sagte der Zahnarzt: »Keine Sorge, die regulieren sich von selbst.« Seitdem hat sich Detlev das Lachen abgewöhnt.

*

Nachdem K. gestorben war, sagte sein Arzt: »Schade, ich hatte so auf die Selbstheilungskräfte gesetzt.«

Als von den Selbstheilungskräften der Märkte geredet wurde, brachten Tausende ihr Vermögen in Sicherheit.

*

Wir sind reich. Wir leben gut. Wir profitieren sogar von den Krisen. Der Dax grüßt aus der Höhe. Häuser wachsen aus dem Boden. Prächtige Wohnungen warten auf glückliche Mieter mit guten Gehältern.

*

Lebensmittel? Also was zu essen? Food. Uneatable food.

Als Kind habe ich gelernt: Man isst nicht mit den Fingern. Man benutzt Messer und Gabel. Meine Frage damals schon: »Warum? Damit ich mir die Hände nicht schmutzig mache? Das heißt, ich soll essen, womit man sich schmutzig macht?« »Nein«, hieß es, »du sollst mit deinen Händen das Essen nicht schmutzig machen.« Darum: »Nach der Arbeit vor dem Essen – Händewaschen nicht vergessen.«

Nein, »nach dem Stuhlgang – vor dem …« genau.

Nachdem ich jetzt weiß, wie gefährlich Lebensmittel heute sein können: Vor dem Stuhlgang nach dem Essen Händewaschen nicht vergessen.

*

Bayern sind harte Typen. Und selbstbewusst. Andere Menschen kommen mit dem Dativ aus. Bayern brauchen zwei. Sie schlagen sich auf die Brust und brüllen: »Mir san mir!«

*

Fußballtrainer entwickeln aus ihrer Tätigkeit immer mehr philosophische Hintergründe. Labbadia: »Mein Credo ist, dass die Metaphysik oder Standardsituation die Philosophie meiner Spielanalyse in großem Ausmaß beeinflusst und damit auch die Architektur meines Systems …«

Jetzt ist mir klar, warum Fußballtrainer schon nach einer Saison wieder gefeuert werden. Länger hält das auch keiner aus.

*

Irgendwann würde ich gern einer wohltätigen Einrichtung die Summe überweisen, die die *BILD*-Zeitung täglich bezahlt für Informationen aus nicht dichten Ministerien, Gerichten, Parteizentralen und anderen Klatsch-Clustern. Die Summe, die man auch Judaslöhne für Petzer nennen könnte.

*

Große Koalitionen sind nicht dazu da, nun endlich die großen Probleme zu lösen, sondern vier Jahre lang um sie herumzukommen.

*

Gut zu wissen

Es geht das Gerücht, dass für alle Wissenden ein Eid gilt, den alle, die vor Gericht aussagen müssen, leisten müssen:

Ich weiß noch nicht, was ich alles wissen werde, aber wenn ich weiß, was ich alles nicht gewusst haben darf, weiß ich auch, was ich wissen muss, wenn ich gefragt werde, was ich alles gewusst habe, als noch keiner wissen wollte, was ich alles gar nicht wissen konnte. Kurz, ich weiß nichts – das weiß doch jeder.

*

Energie

Man ging früher liebevoller miteinander um. Als die Zeitungen damals noch Zeichen setzten mit zärtlichen Karikaturen, zum Beispiel Helmut Kohl als Birne. Alles gewann später an Schärfe, als man im Osten einen Zusatz fand, der sein tatsächliches Wirken in den neuen Ländern präzisierte, nämlich Abriss-Birne. Und Blüm wurde als Rentner-Pflaume gezeigt, später noch Altmaier als Spar-Birne.

Altmaier, der Energiezentner, soll geweint haben, als er die Zeichnung sah. Mein Gott, wie energisch ist er und wie selbstbewusst in den Kampf um die Energiewende eingestiegen. Als Eisbrecher im Packeis der Energiekonzerne … und gelandet ist er als Schlauchboot in den Kühlteichen der Konzerne.

*

Jobwunder

In der Tat: Ab 26.9. neue Jobs. 620 Abgeordnete – 620 MdB-Berater – Präsidenten – Staatssekretäre – Oberbürgermeis-

ter – Ministerpräsidenten – Bankdirektoren – Europakommis-
sare – Minister. Oder sind die anderen Wunderjobs gemeint?
Parkwächter – Nachtwächter – Schneeschipper – Warenhaus-
einsortierer – Hostessen?

*

Der neue Papst

Der neue Papst wird dem Vatikan auf die Nerven gehen, wenn
er so weitermacht, wie er angefangen hat. »Schluss mit dem
Maskenball!«, hat er deutlich vernehmbar gerufen, als sie ihm
die roten Schühchen andrehen wollten. Nach Lampedusa ist
er gefahren und hat Asylanten per Handschlag begrüßt. Sein
frommes Gefolge, der klerikale Höflingsschwarm, schaute
entgeistert zu. Missbilligend.
   Womöglich kümmert er sich jetzt wirklich um die Armen.
Womöglich verschenkt er das mühsam ergaunerte Geld aus
aller Welt an die Armen? Ist dieser Franziskus lebensmüde?
Welcher Papst hat jemals gesagt, er müsse gegen die Globali-
sierung der Gleichgültigkeit kämpfen. Es wird ihm die Hei-
ligsprechung versalzen.

*

Parteiensterben

Alte Parteien haben das Recht zu sterben, wenn sie den Höhepunkt ihrer Überflüssigkeit erreicht haben.
   Als die FDP gestern ihr großes Come-together hatte, hat
Brüderle das große Wort geführt! Er war richtig komisch, wie
er seine Fäustchen ballte und damit auf die Pauke haute – raus
kam aber bloß eine kleine Blähung.
   Als die FDP schon so weit war, den Löffel wegzulegen, ka-

men plötzlich drei neue Löffel und haben die alten vom Stuhl gemotzt. Diese Krabbelgruppe hat erst mal mächtig angegeben, herumgeschrien, und der vorlauteste (der Vizekanzler Rösler!) rief: »Wir werden liefern.« Es wurde aber nicht ganz klar, was genau er meinte.

Rösler ist wieder ganz oben und hat seinen Kommandoton wieder drauf. Und dann machte er den nächsten Fehler. Er blies sich auf und tat so, als wenn er dem politischen Gegner die Zähne zeigen wollte, das heißt, er hat sogar behauptet, er hätte der Kanzlerin die Zähne gezeigt!

Aber hinter seinem Rücken sagte da Brüderle: »Das waren gar nicht seine, das waren meine.«

Trotzdem bleibt diese Partei in der Nachkriegsgeschichte ein kleines Wunder. Fünf Prozent von 30 Millionen Wählern haben bestimmt, wer uns regiert. Also eine verschwindende Minderheit. Die aber nicht verschwindet.

Selbst wenn ich wollte ... wen soll ich denn wählen? Rösler, Lindner, Brüderle? Bahr? Gut. Rösler kann dem Lindner das Wasser nicht reichen – Lindner ist wasserscheu – der Bahr kann's nicht halten. Und Brüderle meint, er kann drüberlaufen.

Der aber, der nicht einmal mit dem Wasser kochen kann, der Niebel, der mit der albernen Wehrmachtsmütze unterwegs ist, weiß nicht einmal, dass er sich in akuter Notwehr befindet, wenn er Schriftsteller anpinkelt, wenn er den schon angeschlagenen Grass anrempelt und sagt: »Israel hat jedes Recht der Welt, ehemalige SS-Leute nicht ins Land zu lassen.« Vielleicht hätte er mal jemanden fragen sollen, wie das war damals ... 1944 ... mit 17 Jahren und von der Schulbank aus eingezogen ... Man kann sich aufregen, ja. Man kann sich wundern, den Kopf schütteln, bitte, wenn man keine Ahnung hat, aber man kann sich nicht so anwanzen, so ranschmieren bei den Israelis.

Herbert Wehner würde sagen: »Niebel! In Ihnen steckt was. Schau'n Sie zu, dass Sie das loswerden.«

*

Lidln oder schleckern

Seit einiger Zeit gibt es das Tätigkeitswort lideln oder schleckern. Manchmal weiß man nicht, ob Schlecker lidelt oder Lidl schleckert. Bleiben wir bei Lidl.

Es hat wenig zu tun mit Lidl singen, es ist das, was in der berüchtigten Angestelltenkaserne der Dumpingpreisbaracke Lidl täglich stattfindet. Man muss sich Lidl-like verhalten. Das heißt: Die Arbeit im Laufschritt verrichten – im Sitzen an der Kasse schneller sitzen als die Konkurrentinnen. Kollegen gibt es nicht. Jede Frau, jeder Mann muss, ohne nachzudenken, seine Konkurrenten niederarbeiten und vor allem jung bleiben, sonst ist man sofort ausgemistet.

Überall, in den Ecken, hinter den Kassen, oben in Glaskabinen stehen Elitebubis in schwarzen Anzügen mit Stoppuhren in der Hand und kontrollieren die festgesetzten Zeiten fürs Kassieren, Sortieren und Pausieren. Überall hängen Stechuhren. Wer pinkeln geht, ohne die Stechuhr zu betätigen, betrügt die Firma. Weil er in dieser Zeit nicht arbeitet. Wer beten will, Moslems zum Beispiel, nicht ohne Stechuhr. Teppich stellt Lidl für Betgebühr.

Es hagelt Strafpunkte. Die jungen schwarzen Karrierebubis kriegen selbst Strafpunkte, wenn sie nicht genügend Strafpunkte verteilen. Wer grundlos singt während der Arbeitszeit, fliegt. Wer zu alt ist, fliegt auch, weil er dauernd Strafpunkte kriegt, und die kriegt er deshalb, weil er zu alt ist.

Wenn gar nichts hilft, greift der Schwarze mal so nebenbei in den Arbeitskittel der Frau Schmidt und findet? Ein lee-

30

res Bonbonpapier von einem Hustenbonbon, das eindeutig im Haus verkauft wird. Man ist sie los. Dagegen prozessieren hilft nichts, die Richter entscheiden gerecht, immer für die Firma.

In den Büros der Lidlmacher wird erwogen, die Kosten für die teuer präparierte Luft in der Halle den Lohnsklaven vom Lohn abzuziehen. Wer protestiert, wird sofort an die frische Luft gesetzt.

Im Falle des Eintretens von Selbstmord lehnt die Firma jegliche Anteilnahme oder Kostenbeteiligung jedweder Art ab. Klar nachgewiesen werden konnte, dass einer der Jungmanager eine Eingestellte in den Tod gemobbt hatte. Darauf sagte er cool: »Ich kann doch auch nichts dafür.«

stoersender.tv

DIE GEBURTSSTUNDE VON STOERSENDER.TV

Die Entstehung des Stoersenders? Ist schnell erzählt. Dieter Hildebrandt hatte den Namen innerhalb von zwei Sekunden erfunden. Der Reihe nach: Hildebrandt wollte eine neue Webseite, und er beauftragte mich, mir etwas auszudenken. Die meisten Internetauftritte von Künstlern sind identisch aufgebaut. : mein Tourplan, mein Kleinkunstpreis, mein Buch. Ich wollte etwas machen, was besser zu Hildebrandt passte.

November 2011, bei Hildebrandts in der Küche. Im Gespräch über den Nationalsozialistischen Untergrund (NSU), über NS-Geheimdienst-Gehlen, der sofort BND-Präsident wurde, und über Schredderminister Friedrich, im Gespräch über Sinn und Ziel der Occupy-Proteste, kurz: Im Gespräch über Gott und die Welt kam mir die Idee für Hildebrandts neuen Internetauftritt.

»Lass uns anstatt einer normalen Internetseite eine demokratische Plattform aufbauen. Mittelpunkt ist ein Internet-TV-Magazin«, sagte ich zu Hildebrandt, der zwei Sekunden nachdachte und sagte: »So eine Art Störsender?!« – »Genau, und das ist schon der Name.«

So einfach. So gut. Blieb nur noch die Frage, wer das Ganze bezahlen sollte. Ich schlug vor, das Projekt durch den Schwarm finanzieren zu lassen, also durch mehrere tausend Investoren, in einem Wort: durch Crowdfunding. Das bedeutet: maximale künstlerische und redaktionelle Freiheit. Natürlich ohne Werbung und frei zu empfangen.

Auf diesen Vorschlag reagierte Hildebrandt, der das Internet bis dato, so gut es ging, ignoriert hatte, diesmal ohne Nachdenken: »Das klingt gut, das machen wir.«

Dieter Hildebrandt stellte das Projekt im Dezember 2012 in der *Münchner Lach- und Schießgesellschaft* vor und sagte: »Das wird eine schöne Sache. Hier können Verrückte Dampf ablassen.«

Die Crowdfunding-Kampagne auf *startnext* war mit 150 000 Euro an Einlagen ein großer Erfolg und zu diesem Zeitpunkt Rekord in Deutschland.

Dieter Hildebrandts Erben wollen und werden weiterstören und bleiben dem Stoersender treu.

Stefan Hanitzsch

GEDANKEN VOR DER EINFÜHRUNG DER AKTION »STOERSENDER.TV«

Was das alles wird, weiß ich nicht, ich weiß nur, wie es werden könnte, wenn es so wird, wie wir uns das vorstellen. Wir stellen uns vor, dass wir uns ganz spontan aufregen darüber, wie wir als Bürger, als vorhandenes menschliches Verdummungspotential, in die Pläne von Parteien, Medien und Kirchen sowie allen Organisationen und Institutionen, die das wiederum mit Parteien, Medien und Kirchen vorhaben, verkauft werden. Die Berliner sagten, als sie die Mauer plötzlich vor sich sahen und das gar nicht so falsche Gefühl hatten, dass sich die Sowjetunion und die Alliierten über die beruhigende Wirkung dieses Schutzwalls durchaus einig waren: Jekooft sind wa schon, jeliefert sind wa noch nich.

Ich will Sie jetzt nicht überschwemmen mit großartigen Zielen … das endet dann meistens mit Freiheit-Demokratie-Entlarvungs-Maske vom Gesicht reißen ... wer will, hört das ohnehin raus ... ich mache weiter, was ich zuvor gemacht habe, nur jetzt wieder mit einem Ensemble, das hat mir gefehlt ... aber nicht nur mit Freund Dieter ... wir haben jetzt zwei davon, wir nennen uns HiDi und HaDi ... nein, auch mit Freunden und Kollegen, die vorbeikommen, ein Gedicht mitbringen, ein Lied, ein Stück, ein Buch oder einen ganz neuen Witz ... wenn wir Lust haben, singen wir zwischendurch die Nationalhymne oder kriegen uns in die Krache, Frank-Markus Barwasser hat das schon abgenickt, Roger Willemsen und Conny Wecker auch und ... jawohl: Georg Schramm. Und Gerhard Polt und Sigi Zimmerschied machen mit. Nach dem minimalistischen Motto: Hier können Familien Kaffee kochen, bei uns abgewandelt: Hier können Verrückte Dampf ablassen.

Das war immer schon mein Traum: Da steht eine kleine Kamera rum, im Studio HaDi, also vom Dieter Hanitzsch. Ich erinnere mich: Einer machte mal in meiner Wohnung ein Interview. Einer fragte, ich antwortete. Zwei Personen. Als ich dann die Aufstellung derer las, die an dem Interview beteiligt waren, zählte ich 27 Personen.

Ganz zu schweigen von den Verträgen. Bevor ich gelesen hatte, wozu der Sender alles berechtigt war und welche Rechte ich an meinen eigenen Texten nicht mehr hatte, begann schon die Sendung. Was unsere Arbeit ausmacht: Wir sind billiger, also das Risiko ist vergleichsweise minimal. Verglichen mit einem Film, der 100 Millionen kostet, der dann zur Premiere kommt, ein Kritiker ruft den anderen an: »Scheiße, oder?« Und weg ist er. Wir haben Zeit für die Entwicklung. Wir können auch was ausprobieren. Zum Beispiel: Wie weit kann eine Karikatur gehen in einem christlichen Land?

Ich habe dem Dieter Hanitzsch zur Osterzeit mal vorgeschlagen, Folgendes zu zeichnen: Jesus steht vor Pontius

Pilatus, und der fragt: »Jesus von Nazareth, hast du gesagt, du seist der Sohn Gottes?« Und Jesus sagt: »Nageln Sie mich jetzt nicht fest.« – »Schön«, sagte Hanitzsch, »und kannst du mir jetzt auch dazu sagen, welche Zeitung das in Deutschland macht?«

Wir machen das. Wir scheuen uns auch nicht, Gedichte einzuschieben. Nicht nur eigene. Auch vergessene Literatur. Aus der *Weltbühne* Ossietzkys. Vergessene Autoren.

Tucholsky zitierte 1929 mal sein Lieblingsgedicht. Er schrieb, es handle sich dabei um das schönste Gedicht im Lyrikbestand des Landes. Trennungsschmerz – Wohnungsnot – Beziehungskrise, alles in vier bedeutenden Zeilen:

»Lass du doch das Klavier in Ruhe,
es hat dir nichts getan;
nimm lieber deine Gummischuhe
und bring mich an die Bahn.«

Wir werden auch jede Art von Ratlosigkeit in Kauf nehmen. Der deutschen Sprache werden wir höchste Aufmerksamkeit schenken.

Einer der wichtigsten deutschen Sprachschöpfer, Schäuble, antwortete auf die Frage, wie er sich denn einen »sozial gerechten« Sozialstaat vorstelle, mit der Gegenfrage: »Wie können wir den Mehltau aus der strukturellen Erstarrung beseitigen, ohne das Wurzelwerk des sozialen Friedens zu beschädigen?«

Wir werden, das verspreche ich, um die Beantwortung dieser Frage ringen. Ohne das Wurzelwerk mit dem Mehltau in dem Brei zu verrühren, um den ein Politiker schleicht. Und zwischendurch wehen Gedanken und Erinnerungsschnipsel von früher herein. Aus Büchern, die man weggestellt hat.

»Wie rasch altern doch die Leute in der SPD –!
Wenn sie dreißig sind, sind sie vierzig;
wenn sie vierzig sind, sind sie fünfzig,
und im Handumdrehn ist der Realpolitiker fertig.«

Stammt aus der Weltbühne
aus dem Jahr 1932 und ist von Tucholsky.

Ganz so vernichtend ist der Wille zu Opposition nicht zu beurteilen. Immerhin hat der Vortragskünstler und Eurojäger Steinbrück unser Verhältnis zur Schweiz schon in die angemessene Schieflage gebracht. Also in Opposition zum Weichwinkelkurs der Kanzlerin. Seit Jahren schon behaupte ich: Wenn alle Diktatoren, Spekulanten, Steuerhinterzieher und andere Kriminelle eines Tages zu ihrem Geld ziehen wollen, wird's eng werden in der Schweiz.

Dem Euro geht's jetzt gut. Obwohl er einen Migrationshintergrund hat, kommt er rein. Obwohl er meistens schmutzig ist, wenn er in Zürich ankommt. Er wird sorgfältig gewaschen, und wenn er die Brust braucht der Schweizer Banken, wird er angelegt und kommt wie neugeboren zu uns zurück.

Die Schweizer sind böse, sie sagen, eher würden sie sich einen Finger abhacken, als so was zu machen, und ich sehe vor meinen Augen lauter neunfingrige Bankerhände. Und die Banker sagen dann, sie hätten ihre Finger überall drin – aber nicht alle!

Danach werden wir uns gemeinsam von unseren Plätzen erheben und, wie schon erwähnt, die Nationalhymne singen:

»Arbeitslos mit Recht auf Freizeit
hier im deutschen Muttiland
wirste wohl noch lange leben

mit 'nem Euro in der Hand,
den wir bei Hartz IV abgeben –
freu dich deutsches Muttiland.«

Und wir werden Fragen stellen. Zum Beispiel:

Darf man als Abgeordnete Annekathrin Giegengack heißen?

Wer wird Tour-de-France-Sieger zwischen 1998 und 2005?
Ein Radfahrer kann's nicht sein.

Weiß man eigentlich, in welch großen Schwierigkeiten sich
die katholische Kirche befindet? Der Weihrauchmarkt ist ge-
stört. Die Kessel sind leer. Öl ist teurer geworden. Für die letzte Ölung. Die Oblatenindustrie meldet Verluste. Reliquien sin-
ken im Preis. Fälschungen werden immer raffinierter. Es gibt
inzwischen 15 Originalvorhäute von Jesus.

Und wir werden auch fragen:

Warum richten sich die Öffentlichen Anstalten bei Wie-
derholungen nach dem Geschmack der Aufsichtsräte? Warum verstecken sie die Beweisstücke ihrer großen Zeiten in
den Archiven? Wo sind die großen Fernsehspiele von großen Regisseuren? Von Peter Beauvais – Rolf Hädrich – Axel
Corti?

Warum bekommen wir drei-, viermal den ödesten Klamot-
tenrest aus der UFA-Herrlichkeit des Dritten Reiches, Trach-
tenschnulzen mit Alpendödeln-Tanztrampeln aus deutschen
Musikfilmen? Ununterbrochen rufen die Berge, muhen die
Rindviecher und singen tränenumflossene Wiener Heurigen-
tenöre. Sitzt auf den alten Schätzen immer noch der Leo
Kirch? Leo Kirch ist tot.

Leni Riefenstahl lebt. Lebt wieder auf. Diese eine Toten-
frau des Dritten Reiches, die alle diese Hunderttausende bei
ihrem absolut unpolitischen Reichsparteitagsfilm photogra-

phiert hat, die dann alle auf den Feldern der Ehre gestorben sind. Eine so bedeutende Frau, der Hitler, Goebbels und die gesamte kriminelle Vereinigung zu Füßen lag, Leni, die man damals die Reichsgletscherspalte nannte, hat, aus rein künstlerischen Gründen, den Marschtritt der 400 000 SS-Männer und der 100 000 SA-Leute zur Kunst erhoben. Der Schritt zur Macht.

Leni, die Schrittmacherin Adolf Hitlers, muss jetzt, von Frau Furtwängler gespielt, zur Abschreckung natürlich in die Kinos. So wie Bruno Ganz später mit Hitler verwechselt wurde, wird von da an Maria Furtwängler die Riefenstahl sein. Peinlich wird es nur, wenn Leni Riefenstahl den Bambi bekommt.

Noch peinlicher, wenn jetzt alle wissen, dass Saudi-Arabien keine Parkplätze für Panzer hat. Hunderte von deutschen Leo-Panzern werden das Land verstopfen. Was machen sie dort? Die Antwort bekam ich vorgestern im Radio.

Ein Waffenexperte der Regierungspartei war ins Studio gekommen, um dem Vorurteil, dass Panzer einen unfriedlichen Eindruck vermitteln, die Stirn zu bieten. Nach seinen Ausführungen zu urteilen, sind Leo-Panzer Friedens- und Freiheitssymbole, sie sichern die Sicherheit in diesem Krisenland.

»Krisenland?«, kam die richtige Gegenfrage, »dann ist das ja ein Spannungsgebiet, und da gibt's doch so was wie ein Verbot, in Spannungsgebiete keine Waffen ... nein? Kann man das nicht kritisch sehen?«

»Nein«, sagt der Experte, »das kann man nur differenziert sehen.«

Man versteht: Die Differenz zwischen Heuchelei und Profit. Ganz abgesehen davon, wie um den Waffenhandel herumgeeiert wird ... an der Spitze die erfolgreichste Waffenvermittlerin, Frau Merkel, die erfolgreichste Eierfrau ... man versteht sie ja, denn sie verkauft, abgesehen von der verblüffenden These »Sicherheit durch Waffen« schaffen, mit diesem Leo-Panzer die absolute deutsche Wertarbeit. Die ganze Welt will den Leo. In dubio pro Leo.

Früher waren Panzer nur zum Panzern da, heute kann man drin wohnen. Es ist eine Toilette da – schnell noch mal drauf, bevor die Schlacht beginnt –, ein Fernseher soll drin sein – für die Gefechtspausen. Und 100 Kilometer schnell ist er.

Am Schluss fragte ein Neugieriger den Experten der CDU noch, ob diese Leos blitzschnell gegen Rebellen eingesetzt werden könnten.

»Nein«, sagte der Experte: »Der Leo ist ja nicht so beweglich und dann der viele Sand ...«

Das kommt alles im Radio. Nicht im Fernsehen. Radio muss man hören. Und da ist der *Bayerische Rundfunk* nicht zu verachten. Er meldete am 2. Dezember, dass die Münchner Polizei vor dem Attentat bei den Olympischen Spielen Hinweise bekommen hat.

Zitat:

»Olympia-Attentat 1972: Polizei war schon zehn Stunden vor der Geiselnahme gewarnt.

München. Nach Recherchen des *Bayerischen Rundfunks/ Funkstreifzug* hat die Münchner Polizei zehn Stunden vor dem Olympia-Attentat am 5. September 1972 eine sehr konkrete Warnung vom Verfassungsschutz erhalten. In dem Fernschreiben sind die Namen von fünf Terroristen genannt und ihr Anschlagsziel: die Olympischen Spiele. Wörtlich heißt es in dem Dokument:

Bei Einsatz der Gruppe, möglicherweise im Zusammenhang mit den Olympischen Spielen, ist mit erheblichen Sicherheitsstörungen zu rechnen.«

Das im Münchner Polizeipräsidium eingegangene Fernschreiben des Bundesamts für Verfassungsschutz, das dem *BR* in Kopie vorliegt, trägt das Kürzel des damals diensthabenden Schichtleiters. Dieser entscheidende Mann wurde später offenbar nie vernommen. Das Einsatztagebuch seiner Schicht liegt in den Akten der Staatsanwaltschaft, es fehlt die Seite für 19 Uhr, dem Zeitpunkt, als das Fernschreiben des Verfassungsschutzes einging. Die monatelange Recherche eines *BR*-Teams in mehreren Archiven erhärtet den Eindruck, dass das Attentat von 1972 keineswegs restlos aufgeklärt ist. Bei dem Terrorakt vor 40 Jahren in München wurden insgesamt 17 Menschen getötet: elf israelische Sportler, ein Polizist und fünf der acht palästinensischen Geiselnehmer.

STOERSENDER-EPISODE
vom 31. März 2013

Wir Deutsche sind wieder wahnsinnig beliebt.
Kommt mir so vor. Wie kurz nach dem Krieg.

Ich fahre nicht mehr ins Ausland. Denn immer wird man als Deutscher erkannt. Der böse Onkel mit dem Euro. Haben wir den eigentlich alleine erfunden? Aber eins ist sicher: So wie sie heute über dieses ehrenwerte Zahlungsmittel denken, würde ich glatt leugnen, ihn erfunden zu haben.

Genau genommen ist der Euro heute die Nutte, und die Banken sind die Zuhälter. Noch nie gab's so viele Schlauköpfe, die unbedingt die Zuhälter schützen wollen.

Wenn ich zum Beispiel den Schäuble frage: »Was passiert, wenn wir alle *nicht* zahlen?«

Dann weiß er erst mal nichts Genaues, um dann zu sagen: »*Dann* haben wir eine Lücke.«

Und dann denke ich mir: »Aha.«

Und was wird aus der Lücke, wenn uns das egal ist?

»Ein Loch«, sagt er.

Nun gibt's ja Mitgliedsländer in der Union, die schon als Loch beigetreten sind. Was machen wir mit denen?

Stopfen!

Und wir sind sofort überzeugt, das Loch sind dann wir. Das Arschloch, das alles bezahlen muss.

Das stimmt natürlich nicht. Weil unsere Kanzlerin gesagt hat: Das Sparbuch ist sicher. Und solltet ihr doch eines Tages weniger Geld auf dem Konto haben: Es ist nicht euer Geld, das euch dann fehlt.

Ein ganz frisches Loch ist nun Zypern. Diese Insel, wo Zeus Schwäne und Waschmaschinen entjungfert hat, Zypern, die Ganoveninsel.

Ein Loch de luxe, in dem schon Milliarden Rubel verschlupft sind. Ein gewaltiges russisches Schlupfloch, das mit der Schwarmintelligenz russischer Oligarchen zielsicher immer wieder an der Küste Zyperns strandet. Das liegt an der Strömung, die aus dem Schwarzgeldmeer durch die Dardanellen und durch die Bank in den Schrank von Nikosia schwimmt.

Es ist also gar nicht wahr, dass der Rubel rollt, nein, er schwimmt. Schwimmt und kommt völlig verdreckt am Zielort an.

Fragt ein Rubel den anderen: »Du riechst so streng – wäscht dich keiner?«

Und die müssen wir jetzt retten. Machen wir. Machen wir alles.

Unsere Mutti fliegt flugs nach Nikosia. Das geht heute ja ungemein schnell. Stunde hin – Stunde zurück. Dazwischen wird kurz geredet. Manchmal sind solche Flüge so schnell, dass beide Seiten völlig unvorbereitet aufeinandertreffen ...

Früher mussten sie mit Schiffen anreisen. Manchmal sind sie tagelang unterwegs gewesen. Und manchmal sind die Schiffe auch untergegangen. Und das war dann die beste Lösung.

STOERSENDER-EPISODE
vom 17. April 2013

Täusche ich mich, oder nehmen die Versuche, uns zu verblöden, zu? Was jetzt auf uns zukommt, Steueroasen! Achtung!! Großreiche verstecken ihr Geld! Soll das was Neues sein? Mann Gottes, das wissen wir doch seit Franz Josef Strauß. Oase Zürich.

Beweiskräftig. Empörte Artikel in großen Lettern: Die Offshore-Betrüger! Die Steuerdiebe, die ihre hinterzogene Beute ganz off von den shores in Sicherheit bringen. Also weg von der Küste. Die Superreichen verinseln ihr Diebesgut.

Karibik – Südsee – Cook – Kaymaninseln – Jungferninseln – Fidschis – Fudschis – Samoa und Tuamotu oder auf die 3000 Malediven-Atolle.

Plötzlich wissen wir, warum Gunter Sachs sich erschossen hat. Weil ihm die Insel nicht mehr eingefallen ist, wo seine 300 Millionen verbunkert sind.

Das wussten wir doch alle schon jahrelang. Aus Büchern – Zeitungen – Fernsehdokumentationen.

Nur die Politiker wussten gar nichts. Wahrscheinlich wussten sie nicht einmal, wo die Südseeinseln überhaupt liegen. Vielleicht haben sie sie mehr im Norden vermutet.

Jetzt, wo alles rauskam, weil ein leak entstand, schlagen die, die alles wissen, die Hände über dem Kopf zusammen, statt sie dort hinzutun, wo sie ihre Finger drin gehabt haben, oder sie können natürlich nichts dafür, und Schäuble lügt nicht einmal verschämt, sondern unverschämt, wenn er behauptet, da könne die Politik nichts machen.

Wohlgemerkt: Es handelt sich hier um 15 Billionen! Vielleicht wissen die Regierenden gar nicht, um wie viele Nullen es sich dabei handelt.

Und keiner will das Buch gelesen haben von dem obersten Steuerfahnder Bayerns, von Wilhelm Schlötterer, der entlassen wurde, weil er als Haupteingeweihter wusste, dass nahezu sämtliche bayerischen Finanzminister ... alle! Huber – Streibl – Tandler ... durchaus was machen konnten, nämlich sich Gedanken machen, wie sie es zulassen könnten.

Dass sie es sogar veranlasst haben, ihren Lieblingen, den Volkshelden, mit denen sie sich gern schmücken, Schutz zu gewähren, wenn die so ein paar Millionen am Fiskus vorbeizielen, haarscharf an ihm vorbei mit zunehmender Geschwindigkeit über alle Grenzen hinweg ins Schweizer Schlupfloch.

Da bekommt der Satz einen interessanten Nebensinn: Beckenbauer hat Steuern gezahlt wie ein Weltmeister.

Strauß hat seinen persönlichen Freund, den »Bäderzwick«, in die Schweiz geschickt, bevor die Fahnder des Bayerischen Staates, dessen Ministerpräsident er war, dem Zwicki sein unverschuldetes Vermögen weggezwickt haben. Wie die 70 Millionen über die Grenze kamen, wissen sie nur selber.

Mein Gott ja, wenn Geld reden könnte, dann würden sie den Satz wiederholen, den der Dichter Uli Rothfuß als

Buchtitel gewählt hat: *Die Welt ist voller ungehenkter Galgenvögel.*

Und Zwicki, einer von ihnen, feierte dann im »Exil«, also in der Schweiz, seinen Geburtstag. Und wer war sein Gast? Sein Hinterziehungshelfer Franz Josef Strauß.

Stoiber, sein unabwendbarer Schatten, sein Soulguard, soll auch mit am Tisch gesessen haben. Stimmt nicht, sagt er, der sah nur so aus. Gut.

Da soll unsereiner noch überrascht sein? Ich bin nur überrascht, dass da was rausgekommen ist.

Vor 30 Jahren gab es schon die Gewissheit: Wenn alle deutschen Steuerhinterzieher einmal zu ihrem Geld ziehen wollen, und sie haben dann genug, dann wird es eng in Zürich und in Zug. Da kann die Politik überhaupt nichts machen.

Keinen Cent kriegen wir zurück von Milch-Müller, auch bekannt als Müller-Milch, keinen Cent von dem Weltmeister im Rundenbrettern oder von den Flick-Erben, die ihre Sore in den österreichischen Alpen verbuddelt haben. Der Staat muss sich seine Gelder woanders eintreiben.

Bei denen, die keine Anwälte haben oder Lobby oder Finanzminister, die geschworen haben, Unglück vom Volke abzuwenden, was sie schließlich auch tun, denn Geld macht nicht glücklich, wissen wir doch alle.

Bei den Hartz-IV-Beziehern geht's leichter. Da müssen sie nicht schüchtern anklopfen, da dürfen sie rein in die Wohnung, weil sie ja über den sozialen Missbrauch wachen sollen. Da stehen sie plötzlich drin mit einem Metermaß und messen den zustehenden Wohnraum nach. Ein Meter zu viel, und sie müssen umziehen, die Missbräuchler.

Man glaubt's ja nicht, aber es ist, ich hab's gelesen, tatsächlich passiert: Eine Familie wohnte in einer Vierzimmerwohnung, als eine Tochter auszog. Schon war der Missbrauchs-

Controler drin und hat eins der vier Zimmer abgeschlossen und versiegelt. Wo greift man sich da hin?

Ein Börsenmoderator im ZDF hat den einzig passenden Satz gesagt: »Da fasst man sich an den Kopf und greift ins Leere.«

STOERSENDER-EPISODE
vom 1. Mai 2013

Atommüll

Alle 20 Jahre taucht immer wieder dieselbe Frage auf: Was machen wir mit dem Atommüll? Ab sofort wird wieder gesucht. Wo kommt er hin, der Atommüll? So fing es vor 28 Jahren schon mal an.

Sigmar Gabriel war voll der Begeisterung: »Wir reden wieder miteinander. Ein großer Tag für die Demokratie.«

Moment mal. Hat der was an der Festplatte?

Doch das dauert jetzt erst mal, bis die Begeisterung sich gelegt hat darüber, dass sie jetzt miteinander suchen wollen. Und schon ist die Reihenfolge des Nachdenkens völlig falsch. Sie hätten schon vor fünf Jahrzehnten nachdenken müssen, wo das Zeug hinkommt, das uns umbringen wird, wenn wir uns für die Kernkraft entscheiden.

Jedem Rekruten wird eingebläut, was beim Werfen von Handgranaten zu beachten ist: »Pass auf. Das ist die Granate. Die zieht man ab. Und nach kurzer Zeit explodiert sie und tötet dich, wenn du sie nicht vorher wegwirfst. Du musst also vorher wissen, wo du sie hinwirfst.«

Bei dem Nachdenken über den Müll hat da was ausgehakt.

Sie haben abgezogen, und jetzt diskutieren sie, wo sie den hinwerfen. Unermüdlich haben sie um Gorleben herumgeredet, so lange, bis sogar die Demonstranten müde wurden.

Der damalige Energieminister Röttgen ist sogar in Asse eingefahren, in dieses Salzbergwerk. Da war ich beruhigt, denn Röttgen machte den Eindruck, als ob er in einem AKW geboren wurde. Und er fuhr als Experte hinunter in den Schacht von Asse und kam als Röttgen wieder rauf.

Unten aber, ganz Fachmann, fragte er den Leiter: »Wem gehört denn das Werk?«, und der sagte: »Dem Bund, Herr Minister, also Ihnen.« Und in die peinliche Pause hinein sagte dann ein Kumpel: »Glück auf!«

Dann kam Altmaier. Wieder ein Experte. Nach ein paar Wochen war er's, hat er auch zugegeben, und dann hat er noch mal nachgedacht, und jetzt haben sie sich entschieden: Gorleben geht nicht. Der Seehofer in Bayern hat abgewinkt: »Bayern ist kein Müllablageplatz.«

Niedersachsen und Baden-Württemberg prüfen noch. Andere Länder überlegen. Aber in den nächsten 30 Jahren wollen sie eine Kommission zur Suche nach einem geeigneten Salzplatz gemeinsam … Mensch, Gabriel, da freue ich mich aber auch! Wie wär's mit Salzburg?

Der Atommüll ist natürlich öffentlich, den will ja – außer uns Idioten – keiner haben, aber das Wasser wollen die Konzerne privatisieren. Der HaDi hat eine schöne Karikatur dazu gemacht.

Er hat recherchiert, wer die zukünftigen Wasserkonzerne … das haben wir auch nicht für möglich gehalten, dass diese meistens missachteten Investitionsmöglichkeiten beim Monopoly, diese armseligen Wasserwerke, mal so wichtig werden.

HaDi wollte rauskriegen, was die Wasserkäufer mit dem Regen machen werden. Und ob man auch ganze Flüsse priva-

tisieren kann. Die fließen da einfach so durch die Kommunen, und die tun so, als gehörten sie ihnen. Das wollte der HaDi rauskriegen. Und er hat eine Zeichnung hinterlassen.

Auf der linken Bildseite sehen Sie eine Pipeline – da ist Trinkwasser drin –, Eau de Munich von dem Konzern Watergate und davor Automat mit einem reichen Angebot an köstlichen Wassern – davor ein verdursteter Demoteilnehmer, dem das zu teuer war. Und als er das Wasser nicht mehr halten konnte – trank er seine Tränen. Das Waterloo des kleinen Mannes!

STOERSENDER-EPISODE
vom 8. Juli 2013

Freunde – Bürger – Mitwähler, jetzt gilt es:

Anschnallen – Baldrian subkutan spritzen – Helm aufsetzen. Der Wahlkampf wird immer aufgeregter. Neulich waren sogar Abgeordnete im Plenarsaal. Ein paar haben sogar zugehört.

Helm fester zubinden: Es hagelt. Und zwar Wahlgeschenke. Wer drauf gekommen ist, weiß ich nicht, aber die sogenannten Großparteien haben festgestellt, dass die Alten im Lande in ihren Programmen gar nicht vorkommen, so dass es fast beim Alten geblieben wäre … wenn nicht … ja, wenn nicht unsere Mutti plötzlich den Einfall gehabt hätte: Wir könnten mal wieder versuchen, die Pflegeversicherung zu reformieren. Zum 35. Mal.

Da hat sie ihr Almoseslächeln aufgesetzt und die Ärmchen erhoben und gemeint, da müsse man Geld in die Hand nehmen. Weil nach langen Untersuchungen und 200 Gutachten immer häufiger die Meinung auftaucht, dass in den Altenheimen der Republik die Würde des Menschen antastbar ist.

Manche Missstände im Land fühlen sich wohl, haben sich als unlösbar eingerichtet und melden sich in gebührenden Abständen immer wieder zu Wort. Wie Hochwasser.

Das kommt auch immer kurz vor Wahlen und verläuft sich dann wieder. Vor kurzem flogen Kanzlerin und Seehofer in einem Hubschrauber über die Wasser von Rosenheim.

Schon legten sich Bäche und Flüsse beruhigt wieder ins Bett. Mit einem Blick übersah die Kanzlerin die Schäden und sagte: »Acht.« Das war keine Fluthöhenangabe, sie meinte Milliarden. Neben ihr Seehofer im Taucheranzug, er bekreuzigte sich, rief den Heiligen Geist an, und der sagte: »Bingo.«

Und so wie das Wasser sich im Sande verläuft, versickert nach den Wahlen auch wieder die Absicht, die Pflegeversicherung zu reformieren. Das hat diese Montagsproduktion eines Gesetzes mit den Olympischen Spielen gemein: Alle vier Jahre wird es akut. Aber ein Unterschied muss erwähnt werden: Olympische Spiele rufen die Jugend der Welt – die Pflegeversicherung verarscht die Alten. Weil sie zu teuer werden.

Die Kanzlerin, unsere Spendierhosenträgerin, nimmt Geld in die Hand. Welches? Das Geld derer, die sie damit vor den Wahlen beschenkt hat. Und die fallen dankbar auf die Knie. Für Mütterbenetzungswerke oder verarmte Bekenntisschulen, für Giebelverzierungen an Vertriebenenmuseen fließen die Mittel. Auf den Kopf der wählenden Bevölkerung lässt die uckermärkische Almosia was fallen. Und jetzt sollen auch die Altenheiminsassen was auf den Kopf kriegen.

Alle vier Jahre treten 37 Experten zusammen und reformieren. Nach vier Jahren kommen neue 37 Experten. 200 Gutachten liegen bereit, um herauszuarbeiten, warum die Bundesregierung sich bisher standhaft geweigert hat, diese Prothese von einem Gesetz zu verbessern.

Vor 16 Jahren hat die *Süddeutsche Zeitung* geschrieben: »Das Pflegegesetz überfordert Schwestern und Pfleger, es grenzt Menschen aus. Verlangt wird Pflege im Sekundentakt. An Hilfsbedürftigen wird gespart. Trotz des Überschusses in den Pflegekassen.«

Sechzehn Jahre, das sind viermal 37 Experten, mit jeweils 37 Gutachten, die alle zusammen teurer sind als das Geld, das für die Pflege fehlt. Und es sind viermal Olympische Spiele, die zusammen 16 Milliarden kosten. Die Würde des Menschen ist einklagbar.

Ist sie das wirklich? Trauen sich Pfleger zu klagen? Haben Gepflegte vor Pflegern Angst, wenn sie sich das trauen? Haben Pfleger vor Pflegern Angst? Haben sie.

Und auch Angst vor den Heimleitungen. Und die haben Angst vor der Öffentlichkeit. Und vor der Wahrheit.

Solidarität gibt es nur unter den Mitwissern der Schande. Die Opfer erhalten zur gefälligen Information eine sogenannte Zeiterfassung. Da ist jede Sekunde kostbar.

Waschung: 10 bis 25 Minuten

Stuhlgang – Wasserlassen: 7 bis 10 Minuten

Kämmen: 5 Minuten

Transfer zum Aufenthaltsbereich: 1 Minute

Frühstück eingeben: 15 Minuten

Getränke eingeben: 10 Minuten

Medikamente verabreichen: 3 Minuten

Transfer ins Wohnzimmer: 1 Minute

Mittagshygiene: 1 bis 2 Minuten

So geht es weiter. Der Gepflegte hat immer zu tun. Der Pfleger dreht durch. Zwei für 20 zu Pflegende. Resultat: Die besten von ihnen wechseln den Beruf. Ungeübte bleiben.

Einer von ihnen schrieb auf die Frage: »Warum wir die Heimbewohner um 17.30 Uhr ,legen'«: »was soll der alte Mensch so lang wach bleiben? Er ist froh, wenn er liegt, denn es ist im Alter doch so, dass schlafen und essen das einzige ist was zählt. Hat mir mal eine Schwester gesagt.« (Original-Orthographie)

Es gibt aber auch Vorbilder für Altenpflege: In diesem Heim gilt die absolute Freiheit – Festbinden ist verboten – Zeit für die Pflege gibt es genügend – Ärzte kümmern sich rund um die Uhr. Es handelt sich um den Gnadenhof für alte Pferde, Hunde oder Esel, Gut Aiderbichl! Und Pflegeopfer, die den Hof besucht haben, sagten: »Auf Wunsch kriegt man den Gnadenschuss.«

STOERSENDER-EPISODE
vom 26. Juli 2013

Freiheit oder Sicherheit

Sie alle sind gefragt. Sie müssen sich entscheiden. Freiheit oder Sicherheit?

Wir Deutsche wollten immer Sicherheit. Mein Nachbar, ein reicher Mann, hat einen Springbrunnen im Garten und viel Angst vor den anderen, die ihm den wegnehmen wollen. Also hat er eine drei Meter hohe Hecke um sein Gehabtes. Niemand kann reinkucken, um zu sehen, was das ist, was er hat. Ein Handwerker, den er vermutlich schnöde und schlecht bezahlt hat, ließ raus, dass da überhaupt nichts drin ist, was man klauen möchte. Keine Bilder, keine Teppiche und viel schlechter Geschmack. Aber vier Bewegungsmelder an allen Ecken von seiner Burg.

Und eines Tages hat er stolz verbreitet, dass er nun endgültig in Sicherheit ist vor den Räubern, denn er hat auf der Security-Messe die modernste, tollste und teuerste Alarmanlage, die es auf dem Sicherheitsmarkt gibt, gekauft. 180 000 Euro!

Eine Woche später hat man doch bei ihm eingebrochen. Es fehlte nichts – nichts war geklaut. Nur die Alarmanlage.

Freiheit kann man nicht klauen. Mit Sicherheit nicht. Aber man kann sie einschüchtern. Wenn zum Beispiel die Sicherheitsfanatiker verkünden:

Dadurch, dass wir den Datenschutz der Bürger unterlaufen haben und wir zur Ferndarmspiegelung und darüber hinaus bis zum Seelenlauschangriff gegangen sind, haben wir 50 Attentate von Terroristen verhindert.

Fünfzig! Wenn nicht sieben. Da ist eine winzige Differenz in den Aussagen der freiheitsbeschränkten Sicherheitsfuzzis.

Aber die wiegeln immer ab und sagen: Eure Freiheit bleibt völlig unangetastet. Es kann natürlich sein, dass Sie, wenn Sie mal leichtsinnige Sätze ins Telephon pusten oder böse Witze posten, dass Sie plötzlich diese nutzlosen deutschen Geheimdienste auf dem Hals haben oder plötzlich in Guantánamo landen, und dann lässt Sie der deutsche Innenminister nicht wieder rein nach Deutschland.

Weil die Amerikaner das untersagen. Aber das war doch schon immer so. Seit 1945.

Ich weiß gar nicht, warum das Bundeskanzlerinnenamt und die gesamte Regierung sich so aufführen. In Darmstadt ist der Informationsknoten, und da laufen die Lesegewohnheiten der Bürger und die Leberwerte der Frau Merkel zusammen. Niemand weiß was. Wusste nichts. Nix gesagt gekriegt. Nichts mitgekriegt. Ahnungslos – fassungslos.

Der Innenminister war ganz überrascht, dass wir den Krieg verloren haben. Dieser ungemein widerspenstige Minister

Friedrich, eine bayerische Leihgabe, ist spontan nach Amerika geflogen, um denen in Washington mal die Meinung zu sagen. Der Presse hat er ganz stolz mitgeteilt, wie respektvoll er im Weißen Haus empfangen worden ist. Er ist stürmisch begrüßt worden. Ein Beamter hatte ihn übersehen und ihn, den Friedrich, einfach umgerannt. Es war der Vizepräsident Biden, der ganz zufällig vorbeigekommen war. Und er soll strahlend die bemerkenswerte Frage gestellt haben: »Hi man! How are you?« Stimmt nicht, hat einer von Friedrichs Reisegruppe gesagt, er hat gefragt: »*Who* are you?«

Aber man ist als deutscher Bürger doch beruhigt, dass unerschrockene Regierungsvertreter dort Kante zeigen und sich wehren gegen diese amerikanischen Arroganzler.

Damit er keinen Unfug drüben machen kann, soll die Kanzlerin vorher den Obama angerufen haben. »Ich hab euch den Friedrich geschickt. Der macht nichts.«

Über Friedrich geht das Gerücht, er hätte sieben Schwänze, die er alle auf Bedarf einziehen kann.

Aber in Europa hat sich die Entrüstung über die Enthüllungen des Mr Snowden auch in Grenzen gehalten. Anhand der Causa Snowden ist endgültig bewiesen worden, dass der Mensch doch nicht vom Affen abstammt, sondern von der Duckmaus.

Ebenso konnte bewiesen werden, dass nach der Apokalypse als einzige Lebewesen nicht die Ratten übrig bleiben werden, sondern die Wanzen.

Wanzen? Wir dummen Wessis haben immer gedacht, das sind so 'ne Art Kreml-Kakerlaken. Dachte die Kanzlerin auch.

Mich kann jeder abhören, sagt sie: Ich mach ja nichts.

Stimmt.

Freiheit oder Sicherheit?

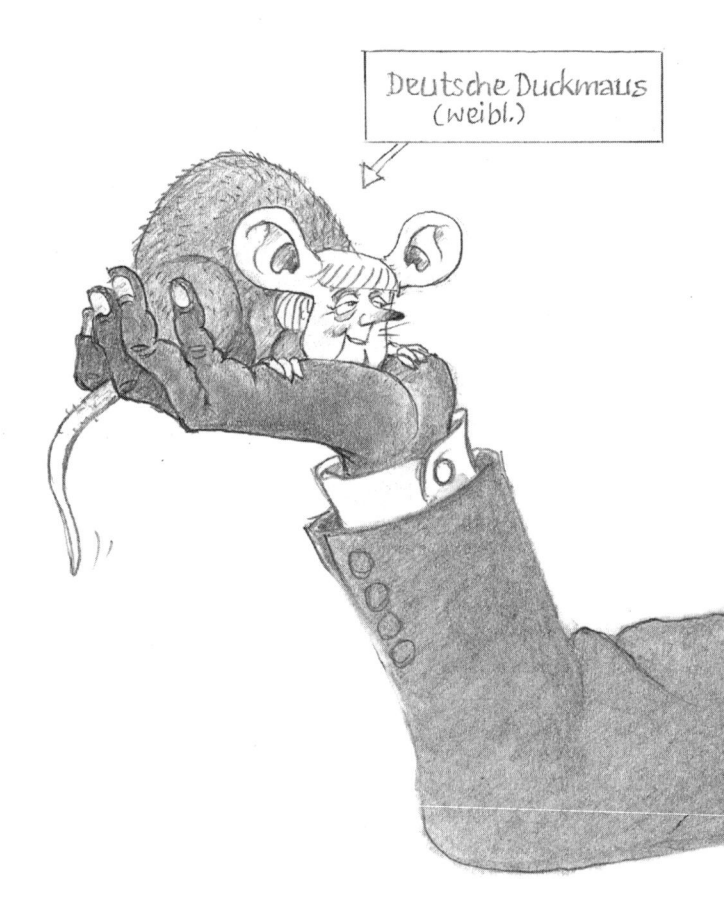

Kommt darauf an, sagt sie. Auf die Verhältnismäßigkeit. Was ist verhältnismäßig?

Das kommt auf die Verhältnisse an.

Sätze, die tief in die Geschichte einsickern werden. Wenn sie ein Schiff wäre, man käme immer in Versuchung, sie zu versenken. Ahoi.

STOERSENDER-EPISODE
vom 30. Juli 2013

Seit sieben Jahren sitzt ein Mann namens Mollath in der Forensischen Psychiatrie. Schwerer Fall, denkt man ... bewaffneter Überfall oder so ... nein, seine Frau hat ihn angezeigt wegen Tätlichkeit ... es war nichts zu sehen, aber wie bei einer Schramme am Auto: der seelische Schock bei der Frau und die unerhörte Anschuldigung seitens des Mollath, seine Frau, angestellt bei der HypoVereinsbank, mache Schwarzgeldgeschäfte im Hyponamen in der Schweiz. Er sagt vor Gericht, er habe seine Frau geschüttelt, dass sie den Blödsinn sein lassen soll.

Dabei, sagt das Protokoll, hätte Mollath bei seiner Aussage »wirr geredet« ... der Richter meinte wohl, wer allen Ernstes behauptet, die Hypobank macht solche Geschäfte, redet wirr. Und spricht ihn schuldig. Also wenn alle bayerischen Politiker, die wirr reden ... na gut ... Der Psychiater sagt: Der Mann ist verrückt. Warum? Weil er einer Untersuchung, ob er verrückt ist, nicht zustimmt. Mit der Begründung, er sei doch nicht verrückt. Wer nicht zugeben will, dass er verrückt ist, muss verrückt sein. Sagt der Gutachter.

Davon hörten die Steuerfahnder und fragten den Gerichtsvorsitzenden Brixner, ob sie da bei der Hypobank mal anfragen sollten. Der Richter sagte: »Braucht's nicht. Der Mollath spinnt.«

Inzwischen hat die Hypobank selbst nachgeforscht und kam zum Ergebnis: stimmt. Frau Mollath hat Geld gewaschen. Das aber war nun Bankgeheimnis. Und so erfuhr der Richter nicht, dass das nicht stimmt, weswegen er dann in die Psychiatrie eingeliefert wurde. Der Mollath! Nicht der Richter.

Während Mollath saß, wurde sein Haus zwangsversteigert. Seine Habseligkeiten sind bis zum heutigen Tag verschwunden. Und wer hat sein Haus ersteigert? Die Denunziantin – seine Frau!

Der Fall stinkt so zum Himmel, dass sogar die Justizministerin Merk von ihrem Vorgesetzten Seehofer darauf aufmerksam gemacht wurde, dass das zu ihrem Bereich gehört. Und da riecht sie was und lügt so penetrant, dass die Wahrheit böse wird und rauskommt.

Herr Richter B. bleibt dabei: Mollath muss weiter sitzen. Weil er Wahnvorstellungen hat.

Und worin bestehen die?

Er bildet sich ein, dass seine Frau, die ihn pikanterweise auch eines Tages wegen Waffenbesitzes angezeigt hatte … stimmt. Kommt noch hinzu. Plötzlich stand die Polizei im Haus und hat es auf den Kopf gestellt.

Waren keine da, keine Waffen. Moment! Doch. Ein altes Luftdruckgewehr vom Papa. Hätte nicht viel gefehlt, und im Protokoll hätte gestanden, dass noch Luft drin gewesen war! Also geladen!

Mollath sitzt also weiter … nach neuester Prüfung ist er immer noch gefährlich … weil er sich einbildet, dass seine Frau dunkle Geschäfte mit der Hypobank gemacht hat …

Das aber hat die Bank schon längst festgestellt, dass das keine Wahnvorstellung war. Aber warum lässt sie den Mollath weiter sitzen? Warum hat sie das dem Gericht nicht mitgeteilt?

Und da gibt es eine ganz infame Vermutung: Wahrscheinlich wartet die Bank, bis der Fall verjährt ist? Dann geht sie straffrei aus. Oder?

Der Richter sagt: »Ich konnte gar nicht anders entscheiden, die Gutachten lügen ja nicht.«

Und weil da wieder Zweifel aufkamen, sollen die Gutachten jetzt überprüft werden. Von wem? Von dem Gutachter, der sie gemacht hat. Ist das so, Frau Ministerin Merk?

Wenn das so wäre, liefe ja eine dicke fette Sau durchs Dorf.

Drei Abschiede

AUS DER TRAUERREDE FÜR SEINEN
VERLEGER KARL H. BLESSING (2005)

Elias Canetti hat in seinen Erinnerungen an einen geliebten Freund, der an einer schweren, unheilbaren Krankheit litt, von seinem Schuldgefühl erzählt, dem Schuldgefühl des Gesunden gegenüber dem Leidenden. Als ich einmal Karl Blessing daran erinnerte, wehrte er diesen Gedanken fast ärgerlich ab. Diese Vorstellung war ihm fremd.

Es war nahezu unglaublich, mit welcher Lebensfreude er trotz aller Schmerzen seine Mitmenschen beschenkte. Unvergesslich die Feste, die er gab. Große und rauschende Feste, bei denen man beeindruckende Menschen traf, bei denen man den Stil dieses Mannes bewunderte. Bei Gesprächen. Beim Wein. Bei den Menüs. Man freute sich lange im Voraus auf eine Einladung zu den berühmten Thanksgivingfeiern. Spontanpartys in den Verlagsräumen fanden statt, die ich nie vergessen werde: heiter, ausgelassen, mit Menschen, die etwas zu erzählen hatten.

Immer war Karl Blessing der Mittelpunkt, ohne sich darum zu bemühen. Diese Gelassenheit hat ihm in allen Schwierigkeiten, die einem Mann in diesem Verlegerleben zwangsläufig begegnen, geholfen und ihm alle Türen geöffnet.

Als ich das erste Mal zu seinem traditionellen Verlagsessen bei der Frankfurter Buchmesse eingeladen wurde und die mächtige Schar bedeutender Autoren aus aller Welt sah, die seiner Einladung gefolgt waren, bemerkte ich, mit welcher Herzlichkeit er von seinen Autoren umarmt wurde.

Ich gestand ihm dann, dass ich ein wenig eingeschüchtert

sei angesichts dieser »Berufsdichter«, wie ich sagte, und dass ich als Kabarettist mich als unpassend betrachte. Es führte dazu, dass er bei seiner Rede, die er dann hielt, mich über alle Maßen lobte, was wiederum dazu führte, dass einige der bedeutenden Damen und Herren das Wort an mich richteten.

Karl Blessing war ein Förderer, ein Lenker, ein Weiterdenker. Als ich für ihn zu schreiben begann, gab er mir Rolf Cyriax als Lektor und hatte damit zwei Menschen zusammengeführt, die sich auf Anhieb verstanden.

Als ich darauf hinwies, dass Klaus Peter Schreiner einen Vorrat an hervorragenden Kabaretttexten hätte, druckte er sie. Es folgten Hanns Dieter Hüsch, Bruno Jonas, Matthias Beltz und Peter Ensikat. Wir fühlten uns wohl in diesem Haus. Wir vertrauten seinem Urteil. Es gab keinen besseren Kenner der Satire in diesem Land. Alles hatte er gelesen, gesehen, gehört, und hatte ein knappes, treffendes Urteil, und manches konnte er noch zitieren.

Es war schön, ihn unten im Publikum sitzen zu sehen. Aufmerksam, kritisch und ganz schnell begreifend. Er sagte anschließend nicht: gut, wenn es nicht gut war. War es gut, freute er sich angemessen. War es seiner Meinung nach sehr gut, zeigte er es so, dass man sich beschenkt fühlte. Denn man wusste: Dieser Karl Blessing gehört zu den Großen unter den Verlegern. Nicht nur die Lust an seinem Beruf zeichnete ihn aus. Es war mehr, es war Leidenschaft.

Als seine schwersten Tage begannen, durfte ich ihn noch einmal in seinem Krankenzimmer besuchen. Auf der Bettdecke lag ein Manuskript von 480 Seiten. Seine Brille lag als Lesezeichen dazwischen. Er hatte es in ganz kurzer Zeit gelesen und sagte mir sein Urteil. Er wird es machen, sagte er.

Karl Blessing hat nie aufgegeben, ist nie zu Kreuze gekrochen, war immer souverän in seinen Entscheidungen. Unvergesslich seine Antwort, als er auf der Buchmesse von der Hessischen Staatskanzlei gefragt wurde, ob er an einem Besuch des Ministerpräsidenten Koch mit Gefolge und Kameras interessiert sei.

Er sagte: »Nein.«

Dafür und für alles lieben wir dich, Renate und ich. Wir werden sehr lange um dich trauern.

AUS DER TRAUERREDE FÜR SEINEN KOLLEGEN HANS JÜRGEN DIEDRICH (2012)

Von Robespierre ist der Satz: Der Tod ist der Beginn der Unsterblichkeit.

Der Gestorbene muss nicht die Welt erschüttert haben. Es genügt, wenn er uns erschüttert hat. Was kann man einem Schauspieler Schöneres nachsagen.

Den Jüngeren unter uns muss man es erzählen. Man muss ihnen sagen, dass Hans Jürgen Diedrich uns Ältere erschüttert hat. Und wie wir geweint haben. Vor Lachen. Ja, auch vor Lachen.

Als Freund vom ersten Tag unseres Zusammentreffens an und als Bühnenpartner kann ich erzählen von Jahren, in denen wir mit Lust und Liebe zu unserem Tun gemeinsam mit Sammy Drechsel, Ursula Noack, Klaus Havenstein, Jürgen Scheller kam erst 1961 dazu, und nicht zuletzt mit dem Autorenkollegen Klaus Peter Schreiner ein Stück Kabarettgeschichte geschrieben haben. Man kann vielleicht von allen Genannten behaupten, dass es ohne sie nicht gelungen wäre. Ganz sicher aber nicht ohne Dietsch. Dietsch hieß er oder Dietschi.

Das Glück wollte es, dass Dietsch gerade beschlossen hatte, nie wieder Kabarett zu spielen und sich endlich wieder seinem eigentlichen Ziel zuzuwenden, nämlich dem Theater. Er war frei. Und er war gerade in Paris. Um sich auszuruhen. Vom Kabarett. Und das mit Recht, denn er gehörte ein paar Jahre lang zu dem Ensemble der »Amnestierten«, das täglich an einem anderen Ort spielte, aus dem Koffer heraus, und das jahrelang.

Natürlich war Dietschis Ruhm zu uns gedrungen. »Der Kleine«, sagte man, das wäre der Große in diesem Ensemble. Man hatte ihm ein glänzendes Solo geschrieben, in dem er alle seine darstellerischen Fähigkeiten nutzen konnte. Er spielte einen alten, gebeugten Mann am Stock, der ein miserables Deutsch sprach, von seinen Heldentaten schwadronierte, wie viele Tote er auf seinem Konto hätte, wie er aber sein Land zu einem der mächtigsten in Europa gemacht habe. Er spielte Friedrich den Großen.

Ursula Herking hatte ihn nachts um drei in Paris angerufen, ob er nicht unser dritter Mann sein möchte, es handle sich um eine Neugründung und wir hätten zwar einen merkwürdigen Namen, *Münchner Lach- und Schießgesellschaft,* aber sie, Ursula, würde sich so sehr wünschen, dass er bei diesem Blödsinn dabei wäre. Es soll so gewesen sein, dass ein kurzes Knacken zu hören gewesen sei und dann nur der entschlossene Satz: »Ich komme.«

Noch in der Nacht fuhr er los. Und am nächsten Tag, es war die erste Probe, betrat Dietsch die Szene. Von dem Tag an war es nicht mehr möglich, von unserem Vorhaben, in München noch ein Kabarett zu gründen, abzulassen. Dietsch stammte aus einer stolzen Hansestadt. Stralsund. Er war Preuße. Knapp in der Diktion. Ich komme, hatte er gesagt.

Vom ersten Tag an war ich überzeugt: Mit ihm wird es

gelingen. Und mit mir konnte er rechnen. Und mit Sammy Drechsel ging es auch. Und dann auch mit den anderen, die bis dahin berechtigte Zweifel hatten.

Kurz nach der Premiere war der interessierte Teil des Publikums verbraucht. Zu viert standen wir hinter der Bühne, und drei Zuschauer wollten zuschauen. Die Frage stellt sich: »Wollen wir denn für die drei da unten wirklich spielen?« Und wie aus einem Munde sagten wir beide: »Die, die da sind, sind nicht schuld.«

Das war es, was uns zusammenhielt, was dazu führte, dass wir nicht aufgegeben haben. Wir blieben 17 Jahre zusammen und trennten uns in Freundschaft. Dietsch wollte nun doch noch zurück zum Theater, von dem er ja gekommen war.

Und er hat eins seiner großen Ziele erreicht: Er hat den Hauptmann von Köpenick gespielt. Und wir alle, die seinen Entschluss, uns zu verlassen, zwar verstanden, aber bedauert hatten, wir saßen unten und waren erschüttert. Aber auch stolz.

Was mich betrifft, so muss ich zugeben, dass ich auch ein bisschen neidisch gewesen bin. Auf die Schauspieler, die da mit ihm spielten. Viele Jahre lang durfte ich das. Er war älter. Er war auch erfahrener. Ich habe gelernt von ihm. Das Reden konnte ich schon ein bisschen. Das Schweigen zum richtigen Zeitpunkt und das Wiedereinsetzen, was man auch »Timing« nennt, das brachte er mir, ohne zu reden, bei.

Als wir das erste Mal, herausgelockt aus unserem kleinen Stall in Schwabing, in einem Saal mit 1000 Zuschauern standen, setzten wir beide, Dietsch und ich, eine von den besseren Pointen in Gang, nicht ahnend, was dann passierte: Es kam ein lufterschütternder Lacher, der sich bis ganz hinten in den länglichen Saal durchsetzte ... und was geschah? Wir verständigten uns mit einer unauffälligen Handbewegung, die ausdrücken sollte: warten. Es dauert hier länger. Dietsch war ein idealer Dialogpartner. Intensiv – präsent – in hohem Maße schlagfertig – eine Improvisation meinerseits blieb nie ohne seine Antwort …

Ich habe mich auf jede Vorstellung gefreut. Und dass es ihn gab. Es fällt mir schwer, mich daran zu gewöhnen, dass das nicht mehr so ist.

AUS DER TRAUERREDE FÜR SEINEN KOLLEGEN PETER ENSIKAT (2013)

Sooft Peter und ich zusammensaßen, guten Wein tranken, das Leben an sich und überhaupt besprachen, war auch von der Frage nach dem Wann oder Wie des Sterbens die Rede. Mit großer Selbstverständlichkeit setzten wir auch die Reihenfolge voraus, in der unser Ableben geschehen würde. Peter hat sie nicht eingehalten. Und er würde sagen: Und nun bist du dran.

Es fällt mir sehr schwer, mich daran zu gewöhnen, dass wir nicht mehr einen Urlaub miteinander verbringen können. Urlaubstage bei guten Freunden. Mit langen, langen Gesprächen, in denen wir die Welt neu regelten, die neue Welt, und die alte maßregelten. Nach einem bis in die Nacht reichenden Abend erkämpfte sich Peter das Wort und stellte mit etwas schwerer Zunge fest: »Wir haben heute 14 Schauspieler, das gesamte Kabarett, fünf Romane und sieben Regisseure erledigt.«

Es ist an mir, das zu tun, worum ich Peter einmal gebeten hatte: »Bitte versuche meinen Tod lebendig zu schildern, lass deine Rede, wenn sie schon nötig ist, heiter sein.« Er versprach es mir, und gleichzeitig hatte ich damit die Verpflichtung übernommen, das Gleiche zu tun.

Am nächsten Tag hatte Peter ein kleines Bändchen von Seneca dabei und las mir vor, was Seneca über den Tod gedacht hat:

»Der Tod ist die Erlösung von allen Schmerzen und völliges Aufhören; über ihn gehen unsere Leiden nicht hinaus; er versetzt uns wieder in den Zustand der Ruhe, in dem wir uns befanden, ehe wir geboren wurden.«

Peter musste viele Schmerzen erleiden, er hat sie still ertragen. Und es gab nur wenige Augenblicke, in denen er resignierte. Bei einem Besuch fragte ich ihn, ob sich durch die Behandlung Fortschritte gezeigt hätten. Da sagte er in seiner lakonischen Art: »Wenn es ein Leben nach diesem Krankenhaus gibt, dann schreibe ich alles auf, was ich in ihm erlebt habe.«

Peter hätte so gerne noch sein letztes Buch zu Ende geschrieben. Mit bewundernswerter Energie war er noch bis zur Mitte gekommen. Dann hat ihn ein Rückfall am Weiterarbeiten gehindert. Wie in seinen Büchern zuvor beschrieb er, wie sehr ihn das Schicksal der DDR, mit der er aufgewachsen ist, geschmerzt hat. Wie tief die Enttäuschung, als er spürte, wie Anspruch und Wirklichkeit auseinanderklafften.

Resigniertes Fazit in seinem Buch *Populäre DDR-Irrtümer*: »Den eigenen Weg zum Sozialismus hat es nie gegeben.« Und wie kleingeistig dieser Staat mit seiner und der Arbeit seiner Kollegen umgegangen ist.

Unvergesslich seine Schilderung einer sogenannten Programmabnahme. Wie die Funktionäre, von der eigenen Wichtigkeit überwältigt, in der ersten Reihe des Theaters lümmelten und fest davon überzeugt waren, dass sie Schaden vom Arbeiter- und Bauernstaat abwenden müssten. Wie sie dann, nach der ersten bedenklichen Pointe, sofort sicher waren, dass man dieses Programm verbieten müsse und dass das auch im

Sinne der hinter ihnen sitzenden höhergestellten Genossen geschehen werde, dann aber verschreckt feststellten, dass da Beifall von hinten kam, und sofort überzeugt aufsprangen und einer von ihnen dann seine Arme in die Luft warf und brüllte: »Jetzt wird nach vorne gelacht.«

Dafür schämte sich Peter. Ich konnte ihn trösten mit ähnlichen Behinderungen des aufrechten Ganges in der Hierarchie von Öffentlichen Anstalten des Rechts. Wir haben eine Menge Parallelwelten entdeckt.

Heute bin ich sicher: Hätte uns der Krieg nicht in zwei verschiedene Teile Deutschlands verschlagen, wir wären in einem Ensemble zusammengekommen. Ich hatte Vertrauen zu ihm. Von der ersten Minute an unseres Zusammentreffens. Peter war mit großer Selbstverständlichkeit anständig. Selbstständig und unverkäuflich. Ein Wessikollege hat einmal versucht, ihn in den Westen zu locken. Und zwar mit der Bemerkung, dass er da gutes Geld verdienen könne.

»Nee«, sagte er, »da müsst ihr alleine durch.«

Er hatte natürlich auch gern Geld, aber er war für Geld nicht zu haben. Er begegnete den Vertretern seines Staates auf Augenhöhe. Und das hat nichts mit der Duzebene zu tun. Der Genosse tut nichts zur Sache, das Duzen spielt keine Rolle, die Körpersprache verrät auch bei aufrecht Stehenden gebeugte Haltung.

Als Peter und ich im Jahre 1988 gemeinsam für einen Auftritt in Bonn engagiert wurden, waren wohl auch einige Herren aus der DDR angereist, und Peter machte vor der Kamera der *WDR-Abendschau* auf die Tatsache aufmerksam, dass kein Vertreter seines Landes offiziell, also namentlich mit Gesicht, daran teilnahm, während die BRD immerhin einen Regierungsvertreter entsandt hatte.

Kurz nach seiner Heimkehr wurde ihm mitgeteilt, er habe

sich zu einem klärenden Gespräch bei Seiner Majestät, dem Herrn Hager, einzufinden. Peter Ensikat ließ mitteilen, er habe leider im Moment keine Termine frei, weil er sich in Sachen Kindertheater in Äthiopien aufhalte.

Vier Wochen später kam er zurück und meldete sich im Vorzimmer des Herrn Hager, er wäre nun zu diesem Gespräch bereit und bäte um einen Termin. Im Zuge der allgemeinen Verblüffung über die Tatsache, dass er wiedergekommen sei, ging das Gespräch dann unter. Das genügte Peter nicht. Er klopfte noch einmal an und meldete, er sei da und bestünde auf diesem Gespräch.

»So schnell werdet ihr mich nicht los«, sagte er.

Und beide, nämlich sein Bruder und sein Kollege und Freund Wolfgang Schaller, arbeiteten an ihren Programmen, so vermute ich, nach diesem Motto: Ihr werdet uns nicht los.

Und das, was sich später zu dem in der Geschichte einzigartigen Bekenntnis »Wir sind das Volk« entwickelte, das gab es bereits viele Jahre zuvor in den Kabarettsälen des DDR-Kabaretts, die manchmal ein Jahr zuvor schon ausverkauft waren. Peter hatte natürlich seine Zweifel. Aber er zweifelte immer an seinen Erfolgen.

Selbst in Augenblicken größter Freude, stärksten Beifalls, größter Anerkennung zeigte seine Körpersprache Gelassenheit. Nur seine Augen strahlten. Triumph zeigte er nur, wenn er ein schwieriges Skatsolo gewann. Die gewann er oft. Warum? Peter war ein wunderbares Schlitzohr.

Als wir 1990, noch verblüfft von der geschichtlichen Wende, ein erstes Ost-West-Treffen im Theater Meiningen veranstalteten und ich ihm vorschlug, zur Eröffnung des Abends eine halbe Stunde lang etwas zu improvisieren, meinte er, das könne er gar nicht, ihm fiele da nichts ein.

»Wir sollten aber«, meinte er, »zum Zeichen der Wiedervereinigung der Kabarettisten eine symbolische Geste inszenieren. Du kommst von rechts – ich komme von links – und dann reichen wir uns die Hände.«

Ich meinte, das wäre etwas … na ja … ich hab's dann nicht gesagt. Kurz, wir haben es gemacht.

Allerdings, wir hatten ausgemacht, mit weit ausgestrecktem Arm aufeinander loszustürmen … taten wir auch, aber im allerletzten Moment machte er einen kleinen Ausfallschritt nach rechts, und unser beider Hände glitten aneinander vorbei. Das Publikum verstand – und der Abend war schon mit dem ersten Auftritt gerettet.

Journalismus und Literatur

DIE ECKWERTE

Unsere Zunft, die Zunft der Heiterkeitserreger, fühlt sich von den diversen Wertekommissionen völlig allein gelassen. Nichts dringt heraus aus den wöchentlich stattfindenden Expertentagungen, was die Eckwerte der Heiterkeit betrifft. Da will man doch mal die Zahlen haben, die ein Koordinatenkreuz benötigt. Ist der Heiterkeitswert 7 überhaupt erreichbar, oder tritt mit der zahlenmäßig festgelegten Pointendichte in Rundfunk- und Fernsehanstalten von 11,2 eine Inkongruenz ein, die sämtliche Eckwerte verschiebt?

Als bei den Mainzer Fernsehtagen der Heiterkeitsexperte Professor Schlönzmichel nachweisen konnte, dass eine zu hoch gefahrene Pointendichte den Heiterkeitswert bei einem überforderten Rezipientenkreis unter den Eckwert 5 drückt, sahen sich namhafte Vertreter des deutschen Humors vor ein neues Problem gestellt: Müssen wir die Messwerte des Lachens in den Wohnstuben überprüfen, um herauszufinden, ob wir das Produkt Lachen verändern müssen, oder muss der Home-User, der Verbraucher, dahingehend verändert werden, dass er freiwillig seinen Qualitätsanspruch senkt, so dass die Pointendichte vermindert und damit der Heiterkeitswert auf 4,8 zurückgefahren werden kann?

Während im frei gestalteten deutschen Humorraum, der ohne Betreuung durch anstaltsgebundene Theoretiker auskommen muss, die Eckwerte grob missachtet werden, was dazu führt, dass der Lach-Dax in unkontrollierbare Schwingungen gerät, sollte sich diesem inkongruenten Verhalten gegenüber die Politik einschalten, um zu verhindern, dass weiterhin Schmunzelwerte und Lachbomben wie Äpfel und Birnen zu einer unbekömmlichen Sauce verrührt werden, die ein Koordinatenkreuz der Grundwerte unmöglich macht und die über alles gegossen wird, was als Gesamtkuchen des deutschen Amusements täglich gebacken wird.

Verzeihen Sie mir diese klaren Worte. Es ist schon eigenartig, dass die Innenministerkonferenz ein bundesweites Verbot der Rockerbanden prüft. Kann das denn gelingen, wenn es schon nicht gelungen ist, die Neonazibanden zu verbieten? Stehen da nicht die üblichen Bedenken an, man könnte mit einem Verbotsantrag in Karlsruhe abblitzen? Oder hat der Verfassungsschutz dort keine Infiltranten auf den Rücksitzen der Motorräder sitzen? Oder braucht man die Nazibanden gegen die Rockerbanden?

Richtig ist ja: Ein Nazi kokst nicht und dealt nicht. Er kommt besser an bei Volk und Polizei. Und er will auch nicht an den äußersten rechten Rand einer Partei. Der rockende Kokser, der Nazi schon. Den bekehren wir. Den Rocker verbieten wir. Irgendwie geht's da mit rechten Dingen zu.

NEUES AUS DER ANSTALT

Entschuldigung. Ich störe jetzt mal, aber ich bin gleich wieder weg. Ich komme quasi als Staffelläufer und übergebe den Staffelstab, symbolisch natürlich, den Protagonisten der Anstalt. Und wenn Sie sich jetzt fragen: »Wo kommt er her mit dem Holz?«

Direkt aus dem Jahr 1979, als ich die letzte Kabarettsitzung der ZDF-Sendung *Notizen aus der Provinz* beendet bekommen hatte. Das sind 28 Jahre satirefreies ZDF. Der damalige

Programmdirektor Stolte, mit dem ich nicht nur den Vornamen gemeinsam habe, sondern auch die wohltuende Gemeinsamkeit, dass wir beide aus dem Rennen sind, aus dem Rennen um die Quote, hatte mir damals den Vorschlag gemacht, eine Denkpause einzulegen. Habe ich gemacht. Ich habe danach jahrelang nicht mehr gedacht.

Es war gut so, bei der zunehmenden Überalterung des ZDF – ich finde darum den Werbespruch des ZDF nahezu genial: »Mit den Dritten beißt man besser« – wie gesagt, wir sind beide versorgt.

Ich habe Ihnen versprochen, ich bin gleich wieder weg, aber einen Satz möchte ich Ihnen noch sagen, und dann gehe ich. Im journalistischen Alltagsleben unserer Republik bedeutet ein Ereignis im abgelaufenen Jahr 2006, es war eine Mitteilung, die mich stutzig machte, nämlich dass Jürgen Habermas, dem linken Philosophieprof, endlich nachgewiesen werden konnte, dass er im Alter von 14 oder 15 Jahren ein glühender Hitleranhänger gewesen sein muss, deren es ja inzwischen von Günter Grass über Hinze und Kunze, zum prallen Vergnügen von neidischen öffentlichen Saftsäcken wie Karasack und Matusack, immer mehr gibt, dass mich ein Stutzen befällt ob der Lächerlichkeit der dem Habermas vorgeworfenen Tat, die darin bestand, dass er ein Feldscher der Hitlerjugend, so hießen die Sanitäter der HJ, seinem Freund Wehle eine Mitteilung schickte, die Wehle aufforderte zum Dienst zu kommen, was natürlich mit einem damals üblichen »Heil Hitler, dein Jürgen Habermas« endete, aber kein Ende fand, weil Wehle in den 50er-Jahren seinem Freund Habermas diesen Zettel präsentierte, der wiederum, laut einer launigen Bemerkung der Frau Habermas, diesen Zettel aufgefressen hat, um … in Anführungszeichen »Belastungsmaterial« verschwinden zu lassen, dessen Verschwinden aber durch ein Aufhorchen des leib- und wahrhaftigen Zeitrichters und Spitzenjournalisten Joachim Fest verhindert wurde, der daraus eine Enthüllung machte, die Habermas des Nationalsozialismus überführte, eine Enthüllung, die ihm später gerichtlich untersagt worden ist, was Joachim Fest nicht daran hinderte, diese Lächerlichkeit noch einmal in seiner Autobiographie zu verwenden, was mit dem Tode des Publizisten Fest ungestraft hätte dahingehen können, wenn nicht, ja wenn nicht ein Journalist namens Jürgen Busche, vor dem hier nachdrücklich gewarnt werden soll, in einer Broschüre namens *CICERO,* die mit diesem Namen so viel zu tun hat wie Busche mit Habermas, und von deren Kauf dringend abzuraten ist, diesen schon von Fest gelogenen Schwachsinn noch einmal in dreifacher Länge mit Titelbild zu wiederholen und danach nicht einmal die Androhung einer Abmahnung oder gar den Ausschluss aus dem Journalistenverband erhielt, dem bedeutet diese Nichtbeachtung einer beachtlichen Schweinerei den Höhepunkt eines Niedergangs des journalistischen Anstands.

Es war wirklich nur ein Satz. Und jetzt bin ich weg.

METAPHERN UND BUNDESPRÄSIDENTEN

Nehmen wir eine Normalrede, die Referent 1 und 2 verfasst haben. Am nächsten Tag ist im Lokalblatt zu lesen:

Der Ministerpräsident unterstrich anlässlich eines Treffens ost- und westdeutscher Karikaturisten im Wesentlichen die hohe Bedeutung und den künstlerischen Wert des entlarvenden Stiftes.

Er würdigte eingangs, führte dann aus, legte Wert auf die Feststellung, wobei er besonders betonte, warnte ausdrücklich vor, vergaß nicht darauf hinzuweisen, dass er durchaus die Überzeugung vertrete, was ihn nicht daran hindere, an alle den Appell zu richten, fügte sofort hinzu, dass er der Hoffnung Ausdruck verleihe, und dieses sehr eindringlich, unter ausdrücklicher Erwähnung von George Grosz, vergaß aber auch Goyas Caprichos nicht zu erwähnen, würdigte die großen Verdienste, sagte einmal kurz *Simplizissimus.*

Ergänzend bekräftigte er, räumte ein, bezweifelte, erinnerte daran dass, räumte jeden Zweifel aus, wies noch einmal darauf hin – und dann energisch zurück.

Von 12 Uhr 30 bis 12 Uhr 45 untermauerte er seine Ausführungen, bestieg seinen Dienstwagen und verschwand.

Und damit wären wir leicht und locker bei dem Thema des heutigen Zusammentreffens angekommen: die deutschen Bundespräsidenten in der Karikatur.

Wobei ich gleich hinzufügen muss: Wenn ich sage die deutschen Bundespräsidenten, vergesse ich natürlich unsere ostdeutschen Kollegen nicht, die ja so viele Jahre lang gar keinen hatten. Wobei man wiederum fragen müsste, ob sie ihn vermisst haben.

Also liebe Kolleginnen und Kollegen ... schon habe ich Skrupel, ob ich diese Anrede ... die war ja in der DDR so etwas wie eine distanzschaffende Waffe.

Also verehrte Ostkünstler ... klingt auch nicht so toll, also ihr da! Ihr hattet ja, und das gilt auch für meine Freunde vom Kabarett, den unschätzbaren Vorteil, mit dem Hintern auf dem heißen Ofen zu sitzen, wenn ihr eure Potentaten gezeichnet habt.

Bei uns nahm die unerträgliche Toleranz immer mehr zu. Heuss – Lübke – Scheel – Heinemann – Carstens – Weizsäcker – Herzog und jetzt Rau ... alle gezeichnet – schwer gezeichnet.

Aber was soll man für einen Text beifügen? Ein Bundespräsident bewegt politisch bei uns nicht viel. Na ja, bis auf die CSU.

Kaum sagten Weizsäcker oder Herzog etwas ganz Normales, Einleuchtendes, brach im Niederbayerischen sofort der Sturm los. Ein Bundespräsident ist nun mal zuständig für Moral in den Grenzen eines freiheitlichen Rechtsstaats. Bayern hat da ganz andere Gesetze.

Als Herzog sagte, dass ein Ruck durch die öffentlich legalisierte Korruption gehen solle, da hat die Christlich Soziale Korrupti...Union aufgeheult, weil Mir san Mir und Mir san der Freistaat und Mir san sauber, weil bei uns immer eine Hand die andere wäscht. In Bayern ist fast jeder Politiker, der Verantwortung trägt, ein Gezeichneter. Sie selbst sind der Dreck am Stecken.

Der Stoiber und der Sauter und der Tandler und die Strauß-Kinder, bei denen der Vater damals schon befürchtet hat, sie würden zu blöd sein für diese Welt, die er ihnen vererbt hat, dazu das Bayerische Rote Kreuz, das mit Konservenblut schiebt, was in Bayern eine Bluatsauerei ist, die anderen verschieben Panzer und Flugzeuge, andere Spezln verschwinden mit drei Koffern Geld, vom Finanzminister beschützt, in der Schweiz, mal verschwinden 300 Millionen in östlichen Sümpfen ... da rührt sich was, da kann man auch den Max Strauß zeichnen wie eine gewaltige Schweinebacke und ist immer noch zu nahe an der Wirklichkeit ... manche Leute kann man gar nicht überzeichnen ... in Bayern haben's die Karikaturisten leicht!

Die CSU holt zum letzten Schlag gegen sich selbst aus, trifft auch mitten rein in die verseuchte Leberknödelsuppe, und stellt dann verwundert fest, dass sie die Wahl schon wieder mit 60 Prozent gewonnen hat.

Mit Bundespräsidenten hat man's schwerer. Sie haben dieses eine vorgeschriebene Gesicht. Würdig – präsentativ – ein bisschen langweilig. Von Balkons runterkucken, an Soldaten vorbeilatschen, die sie gar nicht beachten, sondern stur geradeaus schauen, vor Ärzten oder Krankenkassen oder Gartenbauverbänden Reden ablesen und immer Bodyguards vor dem Klo – es ist kein Leben.

Darum ist es erstaunlich, was die Karikaturisten aus den Präsidenten rausgeholt haben. Es gab ja ein paar unter den acht, die als Angriffsobjekt herausragend waren. Adenauer hatte, als er einen Präsidenten brauchte, der Pfötchen gab, seinen Landwirtschaftsminister auserkoren, der nicht nur mit der Courage Schwierigkeiten hatte, sondern besonders mit der deutschen Sprache.

Lübke, das Wort allein löste damals schon Lachstürme aus. Als ich in einer Livesendung nach der Mitteilung, man werde ihn wiederwählen, spontan verärgert sagte: »Ich weiß, der Bundespräsident ist tabu, aber auf Dauer ist mir ein Tabu zu wenig«, und dann noch sagte: »Man hat immer Angst, wenn er den Mund aufmacht, sagt er was Dummes, und das Dumme ist, dann sagt er's auch.« Da gab's Ärger. Denn unten in der ersten Reihe saß Willy Brandt und lachte.

Das sah Herbert Wehner und schäumte vor Wut. Denn er war auf die Idee gekommen, Lübke von der SPD wiederwählen zu lassen, weil Lübke ein Anhänger der Großen Koalition war. Und Wehner wollte die auch.

Es war damals schon so, dass man in der SPD, wenn man vom rechten Flügel zum linken wollte, für die Entfernung ein Fahrrad brauchte. Da ist Oskar mit seinem Pamphlet »Mein Herz schläft links« oder so ähnlich, eine Lappalie. Es war schon oft so, dass wir mit unseren Sätzen Bilder entworfen haben, die später von den Karikaturisten ausgeliehen wurden.

Oskar als Tausendfüßler, der deswegen zurückgetreten ist, weil Schröder ihm nichts zuzahlen wollte, als er für seine tausend Füßchen neue rote Socken kaufen wollte.

Ein Münchner Karikaturist sagte mir mal: »Wenn du uns dauernd die Metaphern klaust, auf die wir dringend angewiesen sind, machst du uns brotlos.«

Nach dem Ruck des Herzog, als der uns aufforderte, uns anders zu verhalten, damit wir diesen Staat an den eigenen Haaren ... hatte ihn folgender Metaphernsammeltext irritiert:

Was muss der Bürger tun? Was müssen wir alle tun? Wir müssen uns einen Ruck geben, wir müssen zusammenrücken, wir müssen Rücken an Rücken schultern, was uns aufgeladen wird. Wir müssen nicht nur Verben beugen, sondern auch das Haupt und dann das Knie. Wir müssen uns sofort einen Gürtel besorgen, damit wir ihn enger schnallen können.

Dann müssen wir uns einen Teller kaufen, weil wir ohne Teller keinen Tellerrand haben, über den wir schauen können sollen, und einen Löffel sollen wir haben, damit wir die Suppe, die wir uns eingebrockt haben, auslöffeln können und spitzen sollen wir sie, die Löffel, damit wir die Weltspitze und die Zugspitze, wo die Lokomotive die Anhänger hinter sich hat, und ein Boot brauchen wir, in dem wir gemeinsam sitzen, und eine Flasche brauchen wir, damit wir so voll sind wie das Boot, in dem wir gemeinsam sitzen, wo auch der Strick drin ist, an dem wir gemeinsam ziehen, und daneben der Riemen, an dem wir uns reißen sollen, und die Brille, die wir brauchen, damit wir das blöde Boot sehen können, das im Teller schwimmt.

DAS TRÖSTLICHE BEI DER *BILD*-ZEITUNG

Neuerdings bremse ich auch für *BILD*.

Dieses Blatt ist voller Tröstlichkeiten. Meine schlimmsten Ängste werden hier entsorgt. Ich habe genug davon.

Über Jahre hin bin ich darauf gefasst, dass es an der Haustür klingelt, und ich öffne. und irgendjemand steht vor der Tür. Der Winter, Weihnachten oder ein Vulkanausbruch. Oder Westerwelle oder irgendwelche Sektenfuzzis.

Ein paar Jahre lang hatte ich vor der Klimakatastrophe Angst. Oder davor, dass die Scientologen die Atombombe haben. Dass der Papst aus der katholischen Kirche austritt, weil ihm der Glaube abhandengekommen ist, oder dass über Nacht die Mauer wieder steht in Berlin. Ein zweites Mal reißt sie Kohl nicht wieder ein. Oder ich habe Angst, dass ich morgens in den Spiegel schaue und sehe voller Entsetzen, dass ich einen Heiligenschein, über dem Kopf schwebend, habe. Fieberhaft versuche ich, ihn wieder wegzukriegen. Geht nicht. Der bleibt. Und ich hatte Angst, dass ich damit nicht durch die Tür komme. Aber nein, er beult sich. Auf der Straße hat sich keiner umgedreht. Hat mich gewundert. Es ist einfach so: Wenn man ihn hat, sieht man ihn nur selber. Aber man benimmt sich so komisch.

Und jetzt weiß ich, was der Fliege hat. Der hat ihn. Er geht so viereckig um die Kurve. Aber das wollte ich eigentlich für mich behalten.

Eigentlich wollte ich was Positives über *BILD* sagen. Ich hatte doch immer Angst, dass dieser absolute Spitzenhirni von allen Diktatoren, dieser Demenz der Dritte von Nordkorea, sich, sein Land, sein Volk und uns in die Luft jagt. Sein Volk teilt sich zwei Hälften. Die eine Hälfte sind fettgefütterte Soldaten, die andere dreiviertelverhungerte Gespenster. Habe ich alles aus *BILD*. Bilder aus Nordkorea bestehen nur aus Paraden, wo waffenklirrende Supersoldaten die Beine schmeißen ... stimmt alles gar nicht. Weiß ich jetzt. Nordkorea ist absolut kriegsuntauglich.

Diese abgelichteten Paradeknaben sind alles Balletttänzer. Die wirkliche Armee ist völlig zerlumpt, halb verhungert und verschüchtert. Die Soldaten haben nicht einmal jeder eine eigene Uniform. Bei uns hat jeder Schirmmütze, Feldmütze, Sportmütze und Stahlhelm. In Nordkorea haben vier Soldaten eine Mütze! Sieben Mann einen Stahlhelm. Für zehn Flugzeuge haben sie einen Piloten. Aber kein Benzin. Und sie sterben aus. Warum? Zehn Mann, eine Frau.

POLITPROFIS

Es sieht ganz danach aus, als ob wir nach dieser Wahl dieses glanzvolle bayerische Kabinett wiedergewählt bekommen. Weil es so denkwürdige Erfolge hatte.

Da sind Damen und Herren in diesem Kabinett, die würden allein durch ihr Abtreten ihren Eid erfüllen, nämlich Schaden vom Volk abzuwenden. Und zu Frau Haderthauer und der peinlichen Justizbeate kommt dann noch die Dame Aigner dazu, die es geschafft hat, weiter so zu sprechen, wie man es ihr in der Grundschule abgewöhnen wollte.

»Mir müassen schaun, dass der Verbraacher net einfach des frisst, wos er aafn Teller kriagt.«

Die Frau beherrscht im ganzen zwei Fremdsprachen. Sie benutzt aber bloß eine.

Was die Damen und Herren im bayerischen Landtag bei ihren Wählerinnen und Wählern wahrscheinlich besonders beliebt macht, das ist ihre Liebe zur Familie. 20 Jahre lang haben die Abgeordneten Kind und Kegel beim Staat anstellen lassen. Einer soll sogar seinen Hund als Feuermelder angestellt haben.

Dass der Seehofer davon so viel wie gar nix gewusst hat, ist jetzt ganz klar geworden. Der CSU-Fraktionsvorsitzende Schmid hatte seine Frau 20 Jahre lang für 5000 Euro monatlich anstellen lassen. Schmids und Seehofers waren wieder zusammen beim Essen, fragte doch der Seehofer die Frau vom Schmid: »Und was machen Sie so beruflich?«

Warum schreibt der Seehofer nicht Memoiren? Das könnte amüsant werden. Bei dem, was sonst so täglich auf den Markt kommt. Und sie fangen immer früher damit an.

Eine 17-jährige Schwimmerin hat jetzt ihren Rücktritt erklärt und schreibt sofort Erinnerungen an ein nasses Leben. An was will sie sich denn erinnern? Die hat doch seit dem zehnten Lebensjahr den Kopf immer nur unter Wasser gehabt!

Die Wulffs ... wer von den beiden war eigentlich Bundespräsident? ... na ja, es geht schnell. Und Frau Wulffs Memoiren waren auch so schnell gelesen, wie man ihren Namen spricht. Wuff, weg waren sie. Eine Aussage von ihr hat mich nachdenklich gemacht. Sie hat kein Glück gehabt, schreibt sie. Verstehe ich nicht. Sie kann doch von Glück sagen, dass sie mit dem Langweiler nicht bis zur Rente leben muss.

Glück ist ja inzwischen nicht mehr das alte Glück. Heute ist Glück herstellbar. 37 000 Psychologen haben Bücher geschrieben, in denen steht, was man machen muss, damit man's hat. Es ist nicht mehr zufallsaffin.

Affin wiederum ist das Wort des Jahres. Wer noch gelernt hat: »Das Ewig-Weibliche zieht uns hinan«, kann das vergessen, es heißt jetzt, der Faust ist »frauenaffin«. Wenn sie zu Hause zu eng wohnen und immer anstoßen, sind sie eckenaffin. Alle Bücherverursacher, alle 37 000 Psychologen, die Glücksratgeber auf den überfüllten Markt werfen, einer zum Beispiel Lanz-affin, das heißt, kaum schreibt einer was, schon sitzt er abends damit beim Lanz und weint sich aus.

Es gibt Leute, die sehen sich das an. Den Lanz. Die Seelenmüllhalde für Zuschauer, die sich auch nach Mitternacht noch langweilen wollen. Inzwischen kann Glück sogar gemessen werden! Muss so sein, denn ich habe gestern von einem Professor Raffelhüschen ein Glücks-Tabellarium in der Hand gehabt. Und schon wieder ist Bayern vorne. Bayern hat 73 Prozent Glück. Brandenburg bloß 11.

Frankreich hat das Glück immer anders gemessen. Als in der Französischen Revolution der Kopf von Ludwig XVI. in nicht mehr rumpfaffinem Zustand fast nicht den Korb getroffen hätte, sagte eine Zuschauerin: »Da hat er aber Glück gehabt.«

Dass eine der Ursachen der Revolution, nämlich Marie Antoinette, den dümmsten Satz der Weltgeschichte gesagt haben soll: »Wenn das Volk kein Brot hat, soll's doch Kuchen essen ...«, ist absoluter Unsinn. Wahrscheinlich hat ihn Voltaire erfunden, aber den kennt wahrscheinlich ein deutscher Schüler nicht mehr. Vielleicht hält er ihn für den Erfinder der Steckdose.

Helmut Kohl kennt jeder noch. Hat natürlich auch Memoiren geschrieben. Habe ich gelesen. Es ist immer peinlich, wenn einer Memoiren schreibt, und es leben noch Menschen, die alles miterlebt haben. Ich habe gelesen, dass er die Wiedervereinigung geschaffen hat. Er ganz allein. Er war also nicht nur der Vater der Wiedervereinigung, sondern auch der Sohn und der Heilige Geist.

PREISVERTEIDIGUNGSREDE

Ich habe zu meiner Verteidigung nicht viel zu sagen, vielleicht die niemanden überraschende Erklärung, dass ich nach wie vor absolut schamlos zugebe, dass ich nicht ungern gelobt werde. Das hat natürlich zur Folge, dass andere nicht gelobt werden. Und auch hier muss ich gestehen, dass mir das im Augenblick völlig egal ist. Solange es nicht auffällt, dass ich Preise sammle, ist das ja für niemanden peinlich.

Das ist mir nur einmal passiert, und dafür schäme ich mich heute noch. Nach dem vierten oder fünften Programm der *Lach- und Schießgesellschaft*, das heißt nach der Premiere, fanden Ursula Noack, Klaus Havenstein, Hans Jürgen Diedrich und ich einen Brief an unserem Garderobenplatz vor.

Alle vier öffneten den Brief fröhlich, in der Annahme, dass etwas Erfreuliches drinstehen wird, alle vier lasen, und alle vier steckten den Brief verstohlen in die Jackentasche, versuchten wie schlechte Pokerspieler, die ein gutes Blatt bekommen haben, unbefangen auszusehen. Jeder schaute die anderen drei vorsichtig an, ob sie wohl etwas gemerkt haben könnten.

In dem Brief stand: »Ihr wart alle vier sehr gut. Aber Du warst der Beste.«

So einer Gemeinheit bin ich heute nicht ausgesetzt, und warum? Weil es sich um mein Lebenswerk handelt, und da gibt es für mich nur eins und das ist meins. Andere haben andere.

In der heutigen Art der Verständigungs... Sprache mag ich das nicht nennen, sagen wir lieber Wortfetzenaustausch ... sähe eine Übergabe eines Ehrenalterspokals oder eines Altstiers so aus: »Herr H., haben Sie die Güte, diesen Preis als Träger entgegenzunehmen? Wir haben sonst keinen.«

Und ich antworte jugendlich frisch: »Kein Problem.«

Damit wäre eigentlich alles gesagt. Wenn es nicht gelogen wäre. Natürlich habe ich Probleme. An der ... Merkel ...

Die viel gelobte Frau von der Leyen, der lächelnde Eisstock des Kabinetts, möchte, dass der deutsche Mensch bis 67 arbeitet. Und das soll gesetzlich festgeschraubt werden. Bedeutet ja: Er muss bis 67, darf aber dann nicht mehr.

Ich bin jetzt über 17 Jahre davon entfernt. Fußballerisch bin ich der Mannschaft U-90 zuzuteilen. Und hier beginnt meine Verteidigungsrede:

Ich bin kein Stuhlinhaber und verdränge keinen Nachwuchs-Veteranen. Ich hänge ein Plakat auf und warte gespannt, ob einer kommt oder nicht. Ich werde nicht gesponsert, selbst wenn es so sein sollte, dass der »Salzburger Stier« bereits Red Bull gehört. Nach Goethe bin ich ein Narr auf eigne Hand. Also kein Thema. Alles klar.

Klar ist auch, dass ich mich beruflich in einem Bereich befinde, der bei einer Katalogisierung vorhandener Kulturwerte unter »Verschiedenes« eingereiht werde, nicht verschieden im Sinne von verstorben.

Wenn mir Kritiker nicht immer wieder mitteilen würden, dass das, was ich tue, von Tag zu Tag töter ist und spätestens mit Frank Wedekind begraben wurde, würde ich zweifeln, weil ich in Theaterbesprechungen immer wieder lese: »Da riecht es stark nach Kabarett«, aber immer unterschlagen wird, ob nach gutem oder schlechtem, und müsste annehmen, dass es immer wieder ausgegraben herumliegt ... der Fall ist nicht geklärt.

Sicher ist: Der Fall wäre längst erledigt, wenn die Leute nicht immer wieder zur Beerdigung kommen würden. In den Feuilletons überregionaler Blätter, quasi die Leuchttürme der Kultur im Lande, kommt es nicht einmal zu Bestattungskritiken. Aber wenn doch, lese ich die manchmal, und da schießt mir öfter durch den Kopf: »Ich glaub, die haben 'ne Krise.«

Darum bin ich dankbar, dass hin und wieder ein schreibender und denkender Mensch ... nein, umgekehrt, ein zunächst denkender und dann schreibender Mensch wie Georg ... Georg Schramm meine ich natürlich ... manchmal nenne ich ihn so vertraut einfach Georg ... ich möchte damit stolz andeuten: Ich kenne ihn« ..., und wenn mich jemand fragt: »In Potsdam bist du laudiert worden? Das glaube ich nicht«, dann werde ich stolz sagen: »Jawohl, und es war kein Geringerer ...«, das werde ich nicht sagen, denn das würde ja bedeuten: Es gibt Geringere.

Das traue ich mir in meinem Alter nicht mehr. Es langt ja eigentlich, wenn ich sage Schramm und dann bayerisch hinzufüge: Ich habe die Ehre. Und was das Dankeschön betrifft: Kein Problem.

Ansonsten fühle ich mich von Problemen umzingelt. Vielleicht haben Sie das auch mit mir? Zum Beispiel, dass ich immer so tue, als ob ich recht haben will? Das wäre mir sehr unangenehm. Ich habe immer gedacht, dass ich so etwas bin wie ... im altgriechischen Sinn ... ein Dummsteller. Nein, schallt es aus der Ecke: Klugscheißer.

Also manchmal habe ich wirklich das Gefühl, dass ich unberechtigterweise etwas weiß, womit ich in der Oberklasse einer Oberrealschule bei meinem Lehrer Verwunderung auslösen würde. Über manche Lücken lacht man einfach nicht.

Als Frank Schirrmacher sein Buch *Das Methusalemkomplott* herausgebracht hatte, rief eine Redakteurin einer wissensvermittelnden Boulevardzeitung im Verlag an und fragte, ob man dort ein Bild von diesem Methusalem hätte.

Also wer immer das Problem mit dem Klugscheißer hat, ich habe das nicht so sehr, ich hätte ein Problem, wenn ich gezwungen wäre, meiner Bescheidenheit auch noch Zügel anzulegen.

Im Gegenteil, ich bin es gewohnt, unter klügeren Menschen zu leiden. Manchmal dachte ich mir auch: Was für ein Klugscheißer! An nichts findet er etwas gut und an niemandem. Bis ich darauf kam: Er kann gar nicht anders, denn er hält sich für das Maß aller Dinge. Und ich warte auf den Zeitpunkt, an dem ich endlich einsehe, dass ich das genauso tue.

Um darüber nachzudenken, ist ein Ehrenpreis gut.

VERSCHIEDENES

Unter Verschiedenes eingereiht zu werden, erweckt Widerspruch, weil man dann ja unter die Verstorbenen gemischt wird. Und Oskar ist nachgewiesenermaßen nicht verschieden. Lafontaine ist wie neugeboren. Aber seine Einlassung las ich unter Verschiedenes. Er ließ sagen: »Wir haben den Wind der Geschichte in den Segeln.«

Abgesehen davon, dass er eine Sprachschöpfung von Kohl stiehlt, der den Wind der Geschichte allerdings im Mantel vermutete, drückt Lafontaine damit mit erstaunlicher Offenheit aus, dass er seine Fahne und sein Segel in den Wind hält, auf dass er dorthin schifft, wo das Wetter hin will. Dessen ungeachtet eine stolze Meldung, die offensiven Optimismus verströmt: »Wir haben den Wind der Geschichte in den Segeln.« Kann man variieren: »Wir haben das Segel der Geschichte in den Windeln.«

Dass die Geschichte Wind macht, ist interessant. Dass Winde sich drehen, ist bekannt. Dass Lafontaine, der annimmt, dass nur er und seine Matrosen den Wind der Geschichte überlassen bekommen, lässt vermuten, dass er sich für den Einzigen hält, der den anderen den Wind aus den Segeln nehmen kann. Es handelt sich ja um eine Regatta!

PIDGIN – KOMMUNIKATION – MINIMALISTIK

Ich glaube, wir hören gar nichts mehr. Und vor allem nicht mehr zu. Ich habe heute den Hotelportier gebeten: »Bestellen Sie mir bitte ein Taxi?« Und er: »Kein Thema.«

War das jetzt ein Nein? Natürlich war es ein Thema. Ich möchte ein Taxi. Und ich fragte zurück: »Wieso ist das kein Thema?« Und er: »Alles klar.«

Nichts war klar. Und zwar, weil für ihn mein Taxi kein Thema war. Und ich noch mal: »Zurück zum Thema Taxi. Ist das jetzt klar?« Und er: »Kein Problem.«

Und dann ich wieder, ob er mit mir ein Problem hat. Und er: »Kein Thema.« Und ich: »Alles klar.«

DER VERSCHNARCHTE DEUTSCHE ADEL

Die ARD hat eine ganz neue Bedarfslücke entdeckt. Sie macht jetzt nachmittags Liveübertragungen von adligen Brautpaaren auf alten vergammelten Burgen. Habe ich gesehen: Die Zusammenfügung von Friedrich Wilhelm Prinz von Potsdam mit Hildegard von Bingen ... nein, Unsinn, mit einer Prinzessin von Überlingen. Drei Stunden live! Absolute Höhepunkte. Spannung. Nie erlebt.

Als sie gefragt wird, ob sie was will von dem Prinzen ... was wird sie sagen? Und sie sagte: Ja! Millionen Menschen an den Schirmen atmen auf. Brautpaar küsst sich. Sie spielen Hollywood und küssen sich, wie wenn man in eine Wurst beißt.

Wochen davor die Hochzeit in Monaco. Vier Stunden live! Mit zwei Langweilern. Sie machte ein Gesicht, als sie den Mann sah ... wahrscheinlich hat man ihr den erst kurz davor gezeigt. Die Beerdigung von Otto von Habsburg war lustiger. Sechs Stunden live. Wenn man bei einer Beerdigung von live sprechen kann.

Die ARD hatte den genialen Einfall, eine Woche lang nur noch über das Leben nach dem Tode zu sprechen: Mein Sarg und Ich. Das sind große Tage der Gesellschaftsreporter. Wir haben zwar gar keine Gesellschaft. Aber Gesellschaftsreportagen noch und noch. Man kriegt die Zeitungen gar nicht mehr zu. Aber der Leser muss wissen, wer mit wem wo war, wo jemand irgendwas mit wem gefeiert hat.

> Der Bleistiftkönig Harry mit Model Mary
> Der Klebstoffgigant Gerry
> mit Uschi und Muschi
> aßen zwei Stunden Sushi
> und Vicky von Firma Fixy und Faxy
> Und Micky und Mäxi
> vögelten im Taxi
> und alle sitzen auf einer Fliegerbombe
> aus dem Zweiten Weltkrieg.
> Das Leben kann schön sein.

Das ist der Wildpark der neuen Society. Eine explosive Mischung.

Der Geburtsadel, der Monetenadel, die Industriekönige, die parlamentarischen Hofschranzen, die Chichi-Bonzen, die Pi-

pigirls, dazwischen ein paar verwitterte Hirschkühe, angefütterte Manager, rudelweise Unternehmensberater, falsche Prinzen. Wenn es stimmt, dass eine Kuh über einen Koppelzaun gesprungen ist und für ein halbes Jahr im Wald verschwand, weil sie sich für ein Reh hielt, dann kann es auch sein, dass ein alter Bock glaubt, dass er ein Frosch ist. Und hinter dem steckt ja manchmal ein Prinz. Wenn man ihn oft genug an die Wand wirft, erfährt man die Wahrheit.

Vor ein paar Tagen hat schon wieder der Graf von Luxemburg eine uralte Adlige von Würzburg, nein, eine Braut von uralten Würzburgern, egal, es war zu Herzen gehend, eine uralte Kirche, ein uralter Pfarrer, die Pilcher hätte sofort angefangen zu schreiben.

Mir lief eine Gänsehaut quer über den Verstand, und die Hoffnung keimte: Die Gesellschaft wird wieder fromm. Betende Hände, frömmelnde Gesänge. Hier wächst dem Vatikan wieder Stärke zu. Und die nötigen Reformen. Man sagt jetzt: Church-in. Bibel-Center. Und die Fronleichnamsprozession nennen sie: »Beten to go.«

Und kämpferisch wollen sie sein. Dem Islam beweisen, wie humorlos er ist. Und welche Toleranz wir Christen üben. Wir könnten jederzeit Karikaturen über uns veröffentlichen. Das hält ein Bischof natürlich nicht aus.

Besonders nicht der Herr Müller aus Regensburg, der dort jahrelang sein Bistum beherrscht hat, indem er nicht das Evangelium, sondern Misstrauen und Zwietracht verbreitet hat, was seinen Gönner Josef Ratzinger dazu verleitet hat, ihn nach Rom in den Vatikan zu holen, weil er dort hinpasst. Und sofort hat er funktioniert, der Funktionär, nicht vor dem Herrn, sondern hinter dem Herrn, als der Streit ausbrach zwischen den Falken und den Tauben, ob man vergewaltigten Frauen diese »Pille danach«, die das daraus entstehende Kind verhindern soll, erlauben kann oder nicht, worauf die Falken sofort aufheulten:

Wenn das Kind kommt, hat Gott es so gewollt. Dann, wenn ich mir die Zwischenbemerkung erlauben darf, stelle ich sofort die Vertrauensfrage. Das kann nicht sein.

Aber Müller hat sofort gepoltert: Die Presse ist gegen uns. Das ist ein Pogrom! Hat er gesagt. Wahrscheinlich weiß er gar nicht, was das ist: ein Pogrom. Der Müller hatte vor einiger Zeit schon gesagt, er fühle sich als Katholik verfolgt wie in der Nazizeit.

Und da fragt man sich: Wenn der Papst schon zurücktritt, warum nimmt er den Müller nicht mit?

DIE ZUKUNFT VON GESTERN

Gestern, als die Zeitung für heute geschrieben wurde, hatte sie Zukunft. Heute hat sie keine mehr, weil ich im Fernsehapparat die Mitteilungen von gestern schon gelesen habe. Zuvor hatte ich sie bereits gehört. Im Radio. Die Meldungen glichen sich bis auf das letzte Komma. Nichts davon habe ich in Erinnerung behalten.

Es ging um Beschlüsse zu Steuern oder nein, um Beteuerungen, dass man keine Steuern erheben oder senken möchte. Das kann aber auch gestern gewesen sein, und zwar in der Zeitung von vorgestern, und es war, glaube ich auch, ganz was anderes, was mit Steuern nur am Rande ... na ja, jedenfalls, das habe ich noch im Ohr, da hat jemand den Wert auf die Feststellung gelegt, hinzugefügt und dabei nicht vergessen zu erwähnen, ausdrücklich betont, aber das weiß ich nicht mehr, und worüber er sprach, erbrach sich dann in mehr oder weniger kostbaren Wendungen oder ergoss sich oder was weiß ich.

Ich glaube, ich saß an diesem Tage im Auto und fuhr in eine kleine Stadt am Niederrhein. Ich hörte die erwähnten Informationen im Verlaufe der Fahrt ungefähr siebenmal. Das Hotel, in dem ich wohnte, immerhin ein Viersternehaus einer NH-Kette, führte gar keine Zeitungen mehr. Eine freundliche Dame drückte mir ein Werbeblättchen des Ortes in die Hand, das mit einem kurzen Überblick gelesen war.

Der Manager des Hauses antwortete mir auf die Frage, ob denn nicht einmal die *FAZ* oder die *WAZ* oder, wenn schon nicht die *SZ,* wenigstens das Heimatblatt zu haben wäre, mit einem leicht mokanten Lächeln: »In unserem Hause wohnen in der Regel nur Geschäftsleute, da ist kein Bedarf.«

Es traf mich wie ein Blitz. Dieser kühle Herr hatte vermutlich recht. Bis dahin hatte ich nicht damit gerechnet, dass ich das Ende der Zeitung erleben werde. Aber nun, besonders nachdem der Springer-Erbe Döpfner sogar die Hochleistungsmilchkuh seines Konzerns nicht mehr melken möchte, die *HÖRZU,* die eine Millionenauflage hatte, und nachdem er auch ein paar Verlagshühner, die goldene Eier gelegt haben, schlachtet, um den Anschluss an das neue Informationsmedium nicht zu verpassen, scheint das Ende der Zeitung bevorzustehen.

Ahnungsvoll hatte meine Frau schon die Frage in den Raum geflüstert: »Um Gottes willen, was machst du ohne Zeitung?«

Leichthin gab ich ihr Antworten, die nichts mit dem zu tun hatten, was ich schon wusste. Dass mir zum Beispiel ein Professor aus Düsseldorf mitgeteilt hatte: »Auf Befragen haben mir von 100 Studenten sechs gestanden, und das mit einem besorgten Blick nach hinten, ob ein Kommilitone mithören könne, sie würden hie und da noch eine Zeitung kaufen. Der überwältigende Rest wusste grade noch, dass es so etwas wie Zeitungen gibt.«

Andererseits weiß ich, dass ein auf sich und seine Beziehung zu Bildung etwas Haltender ohne Zeitung gar nicht leben kann. Schon der Geruch wäre unverzichtbar.

Ganz falsch, denn Zeitungen riechen schon lange nicht mehr. Aber gemeint ist ja das »Sinnliche«, das Fühliche, Tastige, Haptische, im Gegensatz zu diesen glitschigen, lackigen, schwärzlichen Minisärgen, aus denen man dann einen Essay von Erhard Eppler über die Zunahme der »gated communities« herauslesen soll. Hinzu käme, dass die Diktatur der Newscluster zu einer Abnahme der Information, einer Halbierung des intellektuellen Anspruchs und einer Verdoppelung der Werbung führen müsse.

Auch zu bedenken wäre, dass diese armselige kleine Fläche, die mir beim Lesen der Texte keine Bilder erlaubt und die Erinnerung an das Geschriebene schwächt, das Lesen überflüssig macht. Bei dem Versuch, mich an eine besonders brillante Glosse zu erinnern, hilft mir der Platz in der Zeitung, an der ich sie entdeckt habe.

Als ich das erste Mal eine digitale Uhr trug, schaute ich dreimal so oft nach, wie spät es denn nun sei. Die Halbvierstellung, die Fünfvorachtposition hielten länger in meinem Gedächtnis.

Aber vielleicht sind alle diese Einwendungen meinem hohen Alter geschuldet. Vermutlich schrecke ich auch vor dem Gedanken zurück, das letzte Buch von Martin Walser in einer Blechschachtel lesen zu müssen. Möglicherweise ist das Zeitalter der Zeitung vorbei? Noch sieht es nicht danach aus.

Noch haben wir in Deutschland 333 Tageszeitungen. Nicht gerechnet die 1500 Kopfblätter und Beilagen. In Bahnhöfen und Flughäfen steht man fassungslos vor Riesenangeboten an Fachzeitungen. Allein zehn verschiedene Jagdfachblätter habe ich gezählt. *Der Jäger – Der Heger – Ich und der Hase – Auf der Pirsch – Förster – Die Förstersfrau – Frau im Wald – Waidmannsheil – Waidmannsdank* und so weiter und so fort.

Fachblätter für mannigfache Sportarten: sechs Fußballgazetten – mindestens zehn Motorsportillustrierte – Fachorgane für Schönerstricken und Paddelfachblätter, Journale für Kicker und Zocker und Königsanbeter, Homestorymüll aus europäischen Königshäusern mit Schwangerschaftstabellen aller Prinzessinnen, die ganze Yellowpest mit Romanzenschwachsinn und Rock- und Pop-News und faden Interviews mit verblödeten Rappern, ganz zu schweigen von der Flut der Lustmolch-Literatur.

Und das soll alles vom Markt verschwinden? Und wo fängt man an? Was verschwindet zuerst? Meine Zeitung natürlich. Ich weiß es! Das überlebe ich nicht.

Selbst auf dem vom Leben kaum gestreiften letzten Atoll der Malediven frage ich schon nach einem Tag meines Aufenthalts nach einer deutschen Zeitung. Ohne Zeitung fängt mein Tag gar nicht erst an. Ich weiß, das wird die Entwicklung nicht aufhalten.

Vielleicht noch eine letzte warnende Bemerkung: Gerade jetzt, in diesen skandalgeschüttelten Tagen, erleben wir, dass die Bundeskanzlerin und ihre wichtigsten Minister, die sich einfach nicht erklären können, warum sie ständig in amerikanische Übergriffe oder in unberechenbare Flugkörper verwickelt sind, obwohl sie nichts, aber auch gar nichts darüber erzählt bekamen, betonen, dass sie alles nur aus der Zeitung erfahren haben, gerade jetzt die Zeitung als solche abschaffen zu wollen, wäre verantwortungslos. Dann wüssten sie ja gar nichts mehr.

LITERARISCHES

Es gibt bereits Quereinsteiger in der Literatur. Senkrechtstarter und -starterinnen. Es gibt ein Buch einer Frau, das in der Nähe der Feuchtgebiete angesiedelt ist, das ein Füllhorn von Sauereien über den begierigen Leser ausschüttet und irgendwas mit einem Axolotl zu tun hat.

Was sind Axolotl? Das sind Schwanzlurche aus der Gruppe der Querzahnmolche. Und die sind ganz vorne auf der Bestsellerliste. Die Kritiker halten diese Sexualcollage für ein Meisterwerk der neueren Literatur. Collage deshalb, weil die Dichterin Frau Hegemann sich übernommen hatte … nein, sie hat fremde Textstellen übernommen. Geklaut, sagen manche. Aber die Kritiker sagen, das sei eine genial zusammengedichtete Collage. Also zusammengebaut, nicht geklaut. Ab sofort ist axolotln oder hegemanndeln erlaubt.

Ich habe mir ein vierzeiliges Gedicht mit 44-prozentiger Eigenbeteiligung erarbeitet.

> »Laue Luft kommt blau geflossen
> Irgendwo wird scharf geschossen
> Seid verschlungen ihr Millionen
> Wer jetzt kein Haus hat
> Muss zur Miete wohnen.«

Wenn man den Feuilletons glaubt, habe ich damit nicht Eichendorff, Schiller und Rilke bestohlen, sondern ich habe mich ihrer bedient.

SPRACHKÜNSTLER

Wer kennt noch Herbert Wehner?

Klaus Bölling erzählte, was wirklich passiert ist: Eine junge, ehrgeizige Journalistin in Berlin rief im Willy-Brandt-Haus an und sagte, sie schrübe ... sie würde eine Arbeit über die Geschichte der SPD schreiben und dazu hätte sie gern ein persönliches Gespräch mit Herbert Wehner. Darauf meinte der im Brandt-Haus: »Das geht nicht – der spricht grade mit Franz Josef Strauß.«

Da sagte die Journalistin: »Dann rufe ich später noch mal an.«

Hinter einer Zeitung mit großer intellektueller Streuwirkung verbirgt sich nicht immer ein kluger Kopf. Und dieser Herbert Wehner sagte über die allerklügsten Schlauköpfe mal: frei schwebende Arschlöcher.

Karl Kraus hat einmal behauptet: Deutschsprachige Journalisten haben ein Leben lang Schwierigkeiten mit dem Konjunktiv Imperfekti. Manchmal mit dem einfachen Imperfekt.

Die *WAZ* schrieb einmal: »... dass ein Häftling unter der Haft leidete.« Und die *Süddeutsche,* dass sich jemand selbst anpreiste. Dann kann man auch schreiben, dass ein Musiker eine wunderbare Trompete blaste. Statt blus. Nein, blies. Es war gestern, als mir die folgenden Reime einfielen:

O Herr, der du die deutsche Sprache einst erfundst,
den imperfekten Konjunktivus hab ich nie gekunnst,
obwohl ich jahrelang mich damit plug,
herum mich schlagte oder schlug,
so dass der Zweifel an mir nagte ... nein, er nug,
warum ich diesen Gipfel nie erklommte,
ich meine, dass ich auf den Gipfel nie so richtig kommte.

Verzeih, o Herr, dass ich um Rat dich bittete,
warum ich unter dieser Sprache immer littete.

LITERATEN UNTER SICH

Der Kalte Krieg hatte längst begonnen. Robert Neumann
schrieb dagegen an, hatte inzwischen erreicht, dass seine genialen Glossen und Parodien auch in englischer Sprache zur
Wirkung kamen. Der Erfolg war, dass er in den herrschenden
konservativen Kreisen als Kommunist beschimpft wurde, was
ihm irgendwie bekannt vorkam.

Ich hatte das große Glück, ihn als Gast der *Lach- und
Schießgesellschaft* begrüßen zu dürfen, die er von da an regelmäßig besuchte, und hatte viele Gespräche, das heißt, er
hatte welche mit mir, und ich erfuhr, wie es dazu kam, dass er,
der Vertriebene, der Emigrant, als Remigrant nach München
gekommen war. Der Bogen schließt sich, meinte er, er kehre
dorthin zurück, wo alles angefangen hatte.

Inzwischen hatte er sich schon wieder die nötigen Feinde
geschaffen. Hans Werner Richter und die Gruppe 47 verfolgte er als neue Reichschrifttumskammer, was riesige Empörung ausgelöst hat. Hans Habe, der als früherer Kollege aus
London, als Chef der amerikanisch-britischen Pressekompa-
nie, der auch Stefan Heym und Georg Stefan Troller angehört
hatten, und als Gründer der ersten Zeitung nach dem Krieg in
München, mit Namen *Die Neue Zeitung,* eigentlich einen sehr
guten Namen hatte – Erich Kästner war sein Feuilletonchef
und Robert Lembke sein Sportressortleiter –, Hans Habe hatte sich inzwischen Axel Springer angeschlossen und verfolgte
Robert Neumann in seinen Kolumnen, die Hans Habe, glaube

ich, tatsächlich selbst geschrieben hat. Robert Neumann wurde nun der aktuelle Kommunist für Hans Habe.

Eine kurze Zeit lang wohnten beide am selben See in der Schweiz, und von Robert Neumann stammt der berühmte Zweizeiler:

>»Es stinkt der See – die Luft ist rein,
Hans Habe muss ertrunken sein.«

Robert Neumann ist noch nicht ganz vergessen, von einigen großen Kritikern natürlich schon, und das vermutlich mit Vergnügen, mit Sicherheit von Marcel Reich-Ranicki, dem Neumann zu Zeiten der Gruppe 47 jegliche Kompetenz abgesprochen hatte.

ZITAT-MANIE

Schon Elias Canetti schrieb, Hofmannsthal habe geschrieben, dass Werfel Wagner meinte, als er Verdi zitierte, der Werfel gar nicht kennen konnte, wozu Hans-Christoph Dudeguth die Meinung äußerte, dass Professor Zenkel Wieland treffen wollte, und zwar mit einem Satz von Lessing, der Klopstock gar nicht kannte, als er über Herder schrieb, was Goethe geradezu klassisch mit einem Satz von sich selber beendete.

TEXT FÜR DEN GEPLANTEN ERSTEN AUFTRITT NACH SEINER GENESUNG AM 1. DEZEMBER 2013 IN DER *LACH- UND SCHIESSGESELLSCHAFT*

Und immer wieder stelle ich die Frage, die in diesem Hause natürlich nahezu ungehörig ist: »Sitzen Sie gut?«

Damit möchte ich auch ausdrücken, dass ich heute besonders dankbar bin für Ihr Erscheinen. Ich hatte mal, was selten gewesen ist, ein paar Wochen lang Pause gemacht. Jahrelang hatte ich mich, schon vorausschauend, mit Krankenhäusern beschäftigt und war zu dem Schluss gekommen: Krankenhäuser sind ein Gesundheitsrisiko. Aber darüber hab ich mich natürlich auch schon hinweggesetzt.

Wenn ich mir unseren gegenwärtigen politischen Laden so anschaue, da muss man gar nichts mehr wissen. Ich habe mir immer gesagt: Wer in seinem kurzen Leben nie etwas Dummes sagen will, muss ein Leben lang schweigen. Wo war ich stehen geblieben? Im Krankenhaus.

Es fing gut an. Ich betrete das teure Haus, öffnet sich ein Lift, drinnen ein junger Mann, der die Operierten durch die Gänge fährt, so ein flotter, junger Betten-Vettel, sieht mich, lässt seinen Operierten im Lift, saust auf mich zu, will mir die Hand drücken, und ich sage: »Moment, Ihr Patient fährt grade weg mit dem Lift.«

»Macht nichts«, sagt er, »den krieg ich schon wieder.«

Nach zwei Stunden hat er ihn wiedergefunden. Wahr ist: Niemand hat ihn vermisst.

Wenn Sie mal das Vergnügen haben sollten, lassen Sie sich so was unter die Haut machen, mit Pieptönen, damit Ihre Angehörigen wissen, wo Sie ungefähr sein könnten. Manchmal suchen sogar die Ärzte, wo Sie abgeblieben sind.

Meistens stehen Sie Schlange vor Apparaten, die zum dritten Male rauskriegen sollen, was anliegt … Anliegen, stimmt … man liegt im Bett eine Stunde lang an, bis man drunter ist. Einmal langt nicht. Die Apparate sind teuer, sie müssen da öfter drunter. Wenn einer das überstanden hat und er hat seinen letzten Satz gesagt, so was muss ein Mensch haben. Napoleons letzter Satz zu Goethe: Voilà un homme! … oder Goethe das mit dem Licht, ich habe mir auch einen ausgedacht: »Morgen ist auch noch ein Tag.«

Eins ist mir klar: Am Schluss wird man nicht von Blumen erdrückt, sondern von den Rechnungen der Radiologen erstickt werden.

Aus deutschen Landen

ES WAR EINMAL ... MEISTENS ABER ÖFTER

O-Ton: »Wer die soziale Marktwirtschaft ernst nimmt, muss auch dafür sorgen, dass jeder von seinem Lohn leben kann.«

Ein stolzer Satz, ein grundsätzlicher Satz, der vor allen anderen Sätzen stehen sollte, der Satz, der in das Denkmal des unbekannten Arbeiters eingemeißelt sein müsste. Natürlich gibt es ein solches Denkmal nicht. Den Arbeiter als solchen gibt es zwar noch hie und da, aber als Klasse hat er und als Masse seine Rolle ausgespielt.

Seine Macht hat er verloren. Seine Arbeit auch. Vorbei die Drohung, sie gemeinsam niederzulegen. Was man nicht hat, kann man nicht niederlegen. Gewerkschaften, Arbeitsführer haben nichts mehr zu führen. Die Drohung: »Alle Räder stehen still – wenn dein starker Arm es will«, ist keine mehr. Wo sind die Räder? Welcher Arm? Welcher Arm dreht noch am Rad? Knöpfe sind es, die irgendjemand in einem 125. Stockwerk in irgendeiner Stadt betätigt.

Die Produktionsmittel haben sich dem Zugriff der Arbeiterklasse entzogen. Es ist nichts mehr zu greifen. Handgriffe sind nicht mehr gefragt. Und die Hände sind sauber. Welche Hand hat noch »Schwielen?« Sätze wie: »Der Mann kann zupacken, er wird seinen Weg machen«, sind höchstens noch in alten Romanen zu lesen. Wo packt er hin, was packt er an? Er wird nicht mehr gebraucht. Teilweise vielleicht. Zeitweise.

Teilzeitweise, wo die Hand als Qualifikation langt. Früher hieß das Handlanger. Und davon gibt es immer mehr. Sogenannte Unqualifizierte. Immer mehr Menschen, die man sich

als Arbeitskraft leiht. Spätestens nach ein paar Wochen gibt man den Ausgeliehenen wieder zurück. Aber wenn früher der Mensch aufmuckte, wenn er sagte, dass ihm der Lohn zu gering ist, dass er davon nicht leben kann, trat seine Gewerkschaft an. Da zuckte der eine oder andere Industrieboss schon ein bisschen mit der Wimper. Vielleicht nicht mit beiden. Aber es wurde zur Kenntnis genommen, dass die Arbeiterschaft nachgerechnet und festgestellt hat: Die Löhne sind stecken geblieben, die Preise für das, was ich zum Leben brauche, sind ins Galoppieren geraten. Dann wurde verhandelt.

Heute wird diktiert. Früher gab's den Generalstreik. Als letztes Mittel. Es ist schwer, sich heute einen Generalstreik vorzustellen. Fast alles, was dadurch zum Stillstand gebracht werden könnte, ist privatisiert. Kaum jemand wüsste überhaupt noch, was das heißt: Generalstreik. Streiken dann die Generäle?

Und manche Berufsstände hätten gar keine Chance, ihre Löhne oder Arbeitsbedingungen zu verbessern. Piloten haben gestreikt oder Fluglotsen oder Lokführer. Mit niederschmetternden Ergebnissen. Sie haben sich nicht sonderlich mehr Geld erstritten, aber mehr Antipathien in der Bevölkerung.

Ärzte haben gestreikt in den Krankenhäusern, von denen viele inzwischen privatisiert sind. Die Resonanz war entsprechend spärlich. Wie wäre es eigentlich, wenn die Patienten einmal in den Streik träten? Den Ärzten und Krankenhäusern gegenüber wären sie jedenfalls in der Mehrheit.

Von einer grandiosen Erfolglosigkeit waren Streikversuche von Schauspielern. Es ist niemandem in der Bevölkerung aufgefallen.

Die »freie« Marktwirtschaft, und man kann ihre Erfolge nicht laut genug rühmen, hat es geschafft, die Solidarität der Arbeitnehmenden in diesem Lande zu zerschlagen. Es geht keine Bedrohung mehr aus von den Berufsvertretungen. Wir sind zurückgekehrt in die Zeiten der Jahrhundertwende, als die Bosse pure Willkür ausüben konnten.

Nur sind die heutigen Bosse anonym. Die »Chefs« gibt's nicht mehr. Sie haben kein Gesicht mehr. Sie verbergen sich hinter einem Strudel von delegierten Kompetenzen. Nicht einmal telefonisch sind sie erreichbar. Das digitale Zeitalter schützt sie vor Beschwerdeführern.

Sie sind keine Unternehmer mehr, die ihre Mitarbeiter kennen, die durch die Betriebe gehen, grüßen oder sich gar anfassen lassen. Es scheint sie überhaupt nicht zu geben. Der Mitarbeiter kann auch nicht mehr sicher sein, wem er gehört. Angeworben von Cliffcompany u. Söhne, weiß er gar nicht, dass Cliff und Söhne längst eine Tochter von Wittenbrock Industrial ist, die aber ein paar Tage eine Schwester von Prinz and Friends wurde, die wiederum verschwiegert ist mit einem Verbandsmittelriesen im ehemaligen Schleckertown. Wen soll der Mitarbeiter anrufen und bei wem sich beschweren, dass sein Arbeitsplatz über Nacht outgesourced worden ist nach Nötz an der Nützel? Orwell lässt heftig grüßen.

Als ich mich bei einem Kellner in einem Hotel zaghaft beschwerte darüber, dass im ganzen Haus 24 Stunden lang öde Musik zu ertragen sei, ob er die nicht mal abstellen könnte, schien es mir, als ob ich etwas ganz Unerhörtes von ihm verlange. Er verriet mir, dass niemand es wagen dürfe, und das gelte für die gesamte Hotelkette in Europa, und das seien 47 Häuser, nur für eine Minute die vorgeschriebene Musik zu unterbrechen. Das ginge nur über die Zentrale der Kette. Und die, sagte er, sitzt in Genf. Der Gesprächsort war Berlin. Selbstverständlich würde er augenblicklich gefeuert werden, wenn er meinen Wunsch erfüllen würde, sagte der Kellner.

Der Mann schien mir auch schon über 50 Jahre alt zu sein.

Sehr schnell lief er nicht mehr. Und er hat keinen Arbeitsvertrag. Wenn er was fallen lässt, fliegt er raus.

Macht nichts, sagt der Manager, 32 Jahre alt, draußen warten andere. Die muss man nicht versichern oder irgendwo anmelden. Man ernennt sie einfach zu Subunternehmern.

Subunternehmer sind frei von allen Bindungen. Sie arbeiten geräuschlos. Aber sie werden in der Arbeitslosenstatistik als arbeitslos gestrichen.

Ich bin einmal einem solchen Subunternehmer gefolgt. Er war von einem Unternehmer angeworben worden, den er von ihren Begegnungen im Jobcenter her kannte, und der beschäftigte Blutfahrer. Das sind Subunternehmer, die ein eigenes Auto haben müssen und damit Blutkonserven von Blutspendezentralen abholen und in die Krankenhäuser transportieren. Sie haben eine schleichende Arbeitszeit, das heißt, sie müssen 24 Stunden in Bereitschaft sitzen, wach, nüchtern, mit gefülltem Benzintank. Das Benzin zahlen sie selbst, die Abnützung ihres Autos natürlich auch, und sie verdienen dabei die beachtliche Summe von acht Euro täglich. Davon erhält der Unternehmer die Hälfte. Bleiben vier Euro. Der einzige Vorteil dabei ist: Er muss das Blut, das er fährt, nicht selber spenden. Aber er ist Unternehmer. Wobei das Wort »unter« dabei die wesentliche Rolle spielt.

Dazu sagte die saarländische Ministerpräsidentin Frau Annegret Kramp-Karrenbauer: »Wer die soziale Marktwirtschaft ernst nimmt, muss auch dafür sorgen, dass jeder von seinem Lohn leben kann.«

Bravo. Und die Bilanzen, die dieser Regierung vorgelegt werden, verkünden nicht etwa, dass wir sieben Millionen Minijobs zu verzeichnen haben, also Nichternährer, sondern dass die Zahl der Arbeitslosen unaufhörlich abnimmt. Wenn wir nicht aufpassen, haben wir demnächst keine mehr. Ist das nicht märchenhaft?

ES IST WAHLKAMPF!

Die Merkelmania ist ausgebrochen. Und das Wahljahr angebrochen. Die überparteilichen, überkonfessionellen, unabhängigen Zeitungen wehren jeden Verdacht, sie könnten irgendwie eingegriffen haben, mit erhobenen Händen entrüstet ab. Wie Fußballspieler, die nach einem üblen Foul sofort die Arme hochwerfen: »Ich hab doch gar nichts gemacht!«

Die *Frankfurter Allgemeine Sonntagszeitung* hat in dem berühmt gewordenen Interview die Frage gestellt: »Verdient die Kanzlerin zu wenig?« Und Steinbrück hat die Wahrheit gesagt: »Ja ... gemessen an mir ...«, nein, hat er nicht gesagt. Hätte er sagen sollen, na gut. Derselbe Mann, der diese Fragefalle gestellt hat, ein Herr Lohse, ist dann zum ersten Auftreten von Steinbrück in Emden gaaanz unvoreingenommen ... wirklich. Er hat gesagt, die Halle war voll ... hätten die Steinbrück-Leute gesagt. Aber die Zahlen differieren ... aha, also nicht voll, meint der Herr Lohse, das ist der Journalist von der *FAS* ... allerdings viel silbergraues Haar in der Halle .. aha, ein Stall voll alter Sozisäcke, liest der Leser von *FAS* ... viele, schreibt der Lohse, mit Bussen herangekarrt ... also wie bei jedem Rockkonzert auch ... und dann: Wie tritt er jetzt vor seine Wähler, der Steinbrück, mit meiner raffinierten Fallfrage belastet, ist der Lohse gespannt und schreibt echte Politpoesie: »Steinbrück hat sich gut überlegt, wie er die scharfe Klippe, die er selbst sich mit seinem Interview aus dem Felsen gemeißelt hat, umschifft.«

Das ist eine Katachrese, ein falsches Bild, eine Klippe aus dem Felsen meißeln, die er dann um*schifft* ... oder *um*schifft? Muss man können so was. So was zu schreiben.

Zwischendurch, schreibt er, macht der Kandidat Witze. Warum macht er die? Weil er, schreibt Lohse, sich »beliebt machen will«.

Das sollte ein Wahlkämpfer nicht machen, er sollte versuchen, sich unbeliebt zu machen. Und dann schreibt der Schmusepoet Lohse noch: »Merkel macht immer nur einen Witz, aber der sitzt.«

Von ihr kenn ich keinen – über sie sitzen viele.

Der Mann, der das schreibt, kann doch auch nichts dafür. Schließlich ist es nicht egal, ob man bei den Reisen der Kanzlerin ein Ticket in ihrem Jet hat oder nicht. Der Bundesseiberer, der Seibert meine ich, hat immer ein wohlwollend Auge für die Schmeichler.

Wer ihr schmeicheln will, schreibt dann einfach zu Beginn des Wahljahres, dass sich die Bilanz ihrer, der Kanzlerin, Regierung, sehen lassen kann. Und wie sie so fabelhaft gelassen sitzt und auf die Fehler der Gegner wartet. Und auf die kann sie sich verlassen. Dabei vergeht die Zeit. Und je mehr Zeit vergeht, in der sie nominell regiert, umso größer wird der Regierungsbonus. Da hat der Malus, dass sie gar nichts tut, keine Chance.

Und wenn sie was tut, seibert ihr automatischer Siegmelder: Sieg auf allen Kanälen. Sie hat zwar jedes Mal gegen den Monti verloren – er, ein naturbegabtes italienisches Schlitzohr, hat zu ihr gesagt: »Ihr Deutschen habt das Geld, wir haben die Krise, lass uns halbe-halbe machen« –, kommt aber trotzdem als Siegerin zurück ins Parlament. Mit der Rechten ballt sie die Faust zum Sieg wie Ibrahimovic, mit der Linken hält sie dem Seehofer den Mund zu, und von 350 Titelblättern deutscher Zeitungen strahlt eine sieggewohnte Kanzlerin über alle vier Backen. Es ist keine Zeit für Realitätseinbrüche. Für Pessimisten.

Pessimismus ist die Unfähigkeit, Optimismus zuzulassen. Die Jubler sind dran. Wie bei den harmlosen Fernsehsendungen. Da sitzen nur Jubler als Zuschauer. Es kann der größte Langweiler auftreten, die Jubler jubeln. Pausen sind keine Pausen, sondern Löcher, und sollte jemand was Vernünftiges sagen, es wird zugejubelt ... das Loch.

DIE VERANTWORTLICHEN DER FDP

O-Ton Rösler: »Wir werden liefern.«

So beginnt das Märchen einer Wiedererweckung der Freien Demokratischen Partei. »Wir werden liefern«, sagte der Putzer Rösler, der den Vorvorsitzenden Westerwelle weggeputzt hatte. Man dachte sich, was werden sie uns liefern? Wir haben nichts bestellt.

Aber neue Besen müssen fegen. Und so fegte er die Reste der liberalen Politikbestände weg, sagte kurz »Hoppala«, als sein Generalsekretär Lindner sich kurz vor der Reise ins Niemandsland verabschiedete, sah sich plötzlich allein und unangefochten als Kanzler seiner Krabbelgruppe und als Vizekanzler der Republik auf dem vorübergehenden Höhepunkt seiner Karriere, nebenbei blieb er auch noch Wirtschaftsminister und blies mit vollen Backen zum Angriff. Seine größte Tat als Wirtschaftsexperte war, dass er seine Partei auf zwei Prozent der voraussichtlichen Wählerstimmen heruntergewirtschaftet hat, dass vieles eingetreten war, was die alten liberalen Väter der Partei befürchtet hatten, dass viele ausgetreten, manche abgetreten waren, Rösler aber nicht zurückgetreten war. Er schwamm weiter, rief aber energisch über das Wasser:

O-Ton Rösler: »Wir müssen das Ruder rumreißen!«

Welches Ruder? Welches Schiff? Er ist in diesem Augenblick seines Ausbruchs in Seenot gewesen. Und im Regierungsschiff nicht einmal Leichtmatrose, sondern blinder Passagier. Da kommt natürlich und zu Recht Mitgefühl auf.

Dass er etwas ausbaden muss, das Bild muss erlaubt sein, wenn man ihn im tiefen Wasser sieht, was der vorige Kapitän, den der kleine Rösler von der Kommandobrücke geschubst hatte, verursacht hat, ist einfach die Wahrheit. Von da an ging's bergab. Alle, die nach ihm kamen, betraten ein sinkendes Schiff.

Guido aber, der Superglider, sah sich bereits an der Spitze einer Volkspartei. Mit vor Begeisterung sich überschlagender Stimme verkündete er: »Ich sehe Licht am Ende des Tunnels.«

Seine Gegner stutzten einen Moment, dachten nach, hörten seinen Reden aufmerksam zu und kamen zu dem Schluss: Westerwelle ist nicht das Licht am Ende des Tunnels. Westerwelle ist der Tunnel.

Ihm schien dieses Urteil nichts anzuhaben. Er bereitete sich vor auf den ehrenreichen Job des Außenministers, Deutschland sah das auch auf sich zukommen. Die Kanzlerin sah ihn in den Schuhen von Genscher, also etwas gehbehindert ob der zu kleinen Füße. Sie sah bereits den vierten Herrn in den Club der von ihr Abhängigen eintreten.

Westerwelle sah das anders. Im Gegenteil, er soll sich vor einen großen Spiegel gestellt und sich mit »Guten Tag, Herr Bundeskanzler« begrüßt haben. Fortan sprach er auch nicht mehr von *wir,* sondern begann die Sätze mit *ich.*

Ich werde diesen Sozialstaat, den ich mir nicht leisten kann, auf ein erträgliches Maß herunterliberalisieren.

Ich werde diese ins Unermessliche gehende Last der diversen Altersfürsorgen, diesen ganzen Pflegeluxus, den sich dieser Staat leistet, abwerfen wie lästigen Ballast, alles, was den steilen Aufstieg der Industrie behindert, im Ozean der sozialen Missbräuche verklappen.

Ich werde die Banken von der Kette der Kontrollbestimmungen lassen, den Mindestlohn in das Reich der Albträume versetzen, und wer mich noch nicht kennen sollte, wird mich kennenlernen.

Ich, sagte Westerwelle, werde alles anschieben, was im europäischen Polylog steckengeblieben ist. Sprach's und flog in die Türkei. Denn hier wartete wirtschaftlicher Aufschwung, hier lag ungenutztes Potential für die Europäische Union.

Und er trat in Ankara auf mit einer Grußbotschaft: »Ihr kommt rein!«

Die Kanzlerin in Berlin hörte das in den Nachrichten und fragte verblüfft: »Was redet der da? Was macht der Guido in der Türkei?«

»Er ist der neue Außenminister«, hieß es da.

»Ah ja, richtig«, sagte sie und flog sofort nach Ankara, um etwas richtigzustellen. »Nein«, sagte sie, »es bleibt dabei: privilegierte Partnerschaft.«

Und da wollten es alle mal wissen. Was ist eigentlich eine privilegierte Partnerschaft?

Ganz einfach: Wenn ein Mann zu einer Frau sagt: »Wenn du schöner wärst, würde ich dich heiraten.« So fing alles an mit dem liberalen Märchen.

Aber so hört es leider auch nicht auf. Hinter dem flotten Guido, der das ganze Gepäck, das eine liberale Partei in diesem Lande mitschleppt, aufgeben wollte, lauerten inzwischen andere, bis dahin noch wenig bekannte Schleppenträger von Guido dem Ersten. Bis dahin hatte der kleine Kaiser die alten Klamotten seiner Vorgänger aufgetragen, nun führten die Höflinge des Kaisers neue Kleider vor.

Da trat Niebel hervor. Der Mann hat, bevor er Minister für Entwicklung wurde, als Generalsekretär leidenschaftlich ausufernde Reden gehalten, die nicht unbedingt für klare Sichtverhältnisse sorgten. Und alle fragten sich: »Niebel, was hat der für das I in seinem Namen bezahlt?«

Niebel war wohl in seiner Partei aufgewachsen in dem Glauben, dass in dem Namen Freie Demokratische Partei das Wort Freiheit die wesentlichste Rolle spielt, und rief begeistert in einer seiner Ansprachen: »Wir von der FDP stehen vor dem ganzen linken Gesindel mit der Fackel der Freiheit!«

Ich habe mir in diesem Moment gedacht: Niebel! Dir würde ich nie eine Fackel in die Hand drücken. Die quatschst du duster. Und ich stelle mir vor, ich stehe bei den nächsten Wahlen vor dem Tunnel, wahllos und ratlos, und sehe ganz hinten ein Licht. Aber dann sehe ich: Rösler und Niebel mit der Fackel der Freiheit. Da nehme ich doch lieber meine Taschenlampe und versuche den alten Sozialstaat wiederzufinden.

Damit haben die Liberalen schon lange nichts mehr zu tun. Diese Partei, so scheint mir, hat den Höhepunkt ihrer Überflüssigkeit erreicht. In ihren Anfängen hatte sie eine wichtige Rolle übernommen. Ich drücke das jetzt bewusst simpel aus:

Die christlich-konservative rechte Partei verteidigt die Rechte der Habewasse – die sozialdemokratisch linke Partei die der Habenichtse. Die Liberalen verteidigen die Bürgerrechte gegen alle anderen.

Thomas Dehler, Theodor Heuss, Karl-Hermann Flach, Hildegard Hamm-Brücher, Wolfgang Döring, Gerhart Baum, Burkhard Hirsch, sie alle, glaube ich, haben ihre Aufgabe darin gesehen, die bürgerlichen Grundrechte zu erweitern.

Die heutige FDP ist drauf und dran, sie einschränken zu wollen. In reichlich anbiedernder Weise, die Freiheit für Wachstum, für den Geldmarkt, für die Spekulation, für die Vermehrung des bestehenden Reichtums zu proklamieren, also die Schleusen zu öffnen für die Flut, für die Hochwasserschäden, verursacht von den Gierigen, den Parvenüs der Jahrtausendwende.

Und sie erzählen uns Märchen, wenn sie versprechen, sie wären drauf und dran, wieder die alte liberale Partei zu werden.

VERDIENT DIE KANZLERIN ZU WENIG?

Von Peer Steinbrück weiß man, dass er manchmal jäh und unvermutet die Wahrheit sagt. Offen ins Gesicht, ohne ein Blatt vor den Mund zu nehmen.

Das aber zu Beginn eines Wahlkampfes zu tun, rät man dem Kandidaten der SPD, wäre keine Tugend, sondern, wie man in allen Medien lesen und hören kann, eine Dummheit. Damit, so schreibt der *SZ*-Kister, »schösse er sich selbst ins Bein«.

Zunächst sieht es ganz danach aus, als ob das richtig bemerkt wäre. Fast alle Meinungsbeauftragten äußern sich nahezu amüsiert über diesen angeblich so klugen Mann, der so dämlich ist, ohne Not zuzugeben, dass der Job der Bundeskanzlerin oder des Bundeskanzlers im Vergleich zu anderen Berufen unterbezahlt ist. Jahraus, jahrein, landauf, landab ist das immer wieder gesagt worden. »Ist ja wahr! Ein Sparkassendirektor lacht die Merkel doch glatt aus.« Oder?

»Der Middelhoff gibt mehr Geld aus für die Liegegebühren seiner Yacht, als die Bundeskanzlerin verdient.«

Das ist so und dafür fehlt kein Beweis. Hätte ein kluger Steinbrück, der ja auch eher zurückhaltend ist mit Auskünften über seine Einkünfte, in dem Interview, das er der *Frankfurter Allgemeinen Sonntagszeitung* gab, dieses Thema nicht vermeiden müssen?

Ja natürlich, weil er doch wusste, dass Wähler in den Wahljahren nicht wählerisch sind mit Wahrheiten. Wenn es nicht zu umgehen ist, wählen sie auch den, der lügt.

Und das hätte er tun sollen. Sagen seine eigenen Anhänger. Sagt Schröder. Er wäre gut ausgekommen mit seinem Gehalt. Meint das Wiefelpütz. Bundeskanzler, sagt er, müssten das aus Liebe zur Leidenschaft oder dem Willen zum Wollen oder was immer er treuherzig zum Besten gab, tun.

Vermutlich haben viele von denen, die sich so erregt haben, dieses Interview gar nicht gelesen. Die drei Interviewer der *FAS* haben einfach gefragt: »Verdient die Kanzlerin zu wenig?« Sollte der Kandidat jetzt nein sagen, wenn er ja meint? Oder sollte er der Frage ausweichen? Dann stünde zu lesen, dass er der Frage ausgewichen sei, weil ja jeder wisse, dass er hätte ja sagen müssen, wenn er nicht löge. Sie haben ihn einfach auf dem falschen Fuß erwischt. Und davon hat er zwei, lautet das Urteil. Jeder Satz hat für ihn im Moment eine fatale Nebenbedeutung. Es wäre auch unfein, wenn man abschließend bemerken würde, dass er es überstehen wird, denn er sei ja hart im Nehmen.

Aber vielleicht gibt es auch mal Menschen, die den wählen, der die Wahrheit sagt. Hin und wieder. An jeder Lüge soll ja was Wahres dran sein.

BERATER

Es gibt Berufsstände, die einem unheimlich werden, weil sie so schnell expandieren.

Mir ist aufgefallen, dass es immer mehr Unternehmensberater gibt. Wo kommen die alle her? Wen beraten die? Und wer berät die Berater?

Ihre Sprecher. Und die Sprecher haben wiederum einen Sprecherberater. Ich hatte Ärger mit einem Polizisten, der mich wegen Falschparkens bestrafen wollte. Ich habe ihm gesagt, er soll sich an meinen Parkberater wenden.

Da war er ungehalten. Wollte den Namen meines Parkberaters notieren. Aber ich habe gesagt, er solle sich an dessen Sprecher wenden. Und dann habe ich noch gesagt: »Wenn Sie mich jetzt anzeigen, sind Sie falsch beraten.«

Wofür brauchen wir so viele Unternehmensberater? Im Flugzeug saß ich einmal neben einem und sprach ihn an. Das war er nicht gewohnt.

Schauen gut aus, diese jungen Leute. Groß, stattlich, fabelhaft gekämmt. Ich glaube, sie sind schöner als wir damals. Und diese Zähne, diese weißen. Und sie haben viele davon – ich glaube, die haben mehr als andere.

Man kümmert sich um diese Generation. Rührend. Ganze Zeitungen werden für sie gemacht. Zielgruppenblätter. *Men's Health:* ein Blatt für die Zielgruppe Mann zwischen 30 und 34 mit einem tollen Thema: Wie Sie Hoden – Herz – Hirn stärken. Zu beachten: Die Hoden kommen vor dem Hirn.

DIE SCHLAPPEN HÜTER DER VERFASSUNG

Es war einmal, es kann auch öfter gewesen sein, ein Land, das auf Grund einer kollektiven Verblödung einem Hanswurst in einem braunen Hemd in die Hände gefallen ist. Einige Jahre zuvor war es einem anderen Land auch schon passiert, nur war das fatale Hemd in Italien schwarz. Die Folgen dieses Hereinfallens auf Männer, die mit zerhackten Gesten und mit beknackten Reden ihre Völker in einen bejammerns-

werten Geisteszustand versetzten, waren verheerend. Nach einem Vernichtungsfeldzug ohnegleichen, es hatte zuvor noch nie etwas Ähnliches stattgefunden, hatte ein Volk sich selbst total in einem selbsterzeugten Krieg vernichtet. Die Schwarzhemden waren zuvor abgesprungen und hatten sich mit Müh und Not der totalen Zerstörung entzogen.

Die Deutschen aber ließen nicht locker, bis kein Stein mehr auf dem anderen blieb. Nach alldem versenkten die Deutschen ihre Erinnerungen.

Noch heute rätseln wir Deutsche, was der Grund für unsere kollektive, völlig abnorme Amnesie gewesen sein könnte. Das Rattenfängermotiv liegt zwar nahe, reicht aber nicht aus, weil es sich ja allein um Kinder handelte, die den Tönen einer Flöte nachgelaufen waren.

Ein besseres Argument scheint mir der Verdacht zu sein, dass der »braune Spuk« ... aber da muss ich gleich etwas einwenden, das kann ich nicht so stehen lassen, was ich da gesagt habe, denn dieses Wort, dieser »braune Spuk«, gehört zum Vokabular der Wegredner, die damit ausdrücken wollen, dass es nur ein Spuk war, dem man nicht so recht traut und der wahrscheinlich auch in Wirklichkeit nicht existiert, eine Wendung auch, die in lieblichen Märchen immer wieder auftaucht ... nein, ein besseres Argument, es stammt von einem amerikanischen Schriftsteller, ist wohl die Vermutung, dass es sich um die Zusage von »Beute« gehandelt hat. Die Anführer der Braunhemden hatten ihren Leuten den gesamten Osten Europas, Gold, Geld und Gut der Besiegten, die Villen und Konten der Juden, die billigen Arbeitskräfte der versklavten Besiegten versprochen.

Je mehr Konkurrenten man beim Reißen der Beute ausschaltet, umso mehr schafft man in den eigenen Rachen. Das Ausschalten wiederum folgte einem alten Rezept aus den

Tagen der Hexenverbrennungen. Wer sein Geschäft durch einen Konkurrenten gemindert sah, ließ die Inquisitoren heimlich wissen, dass man die Frau des Rivalen nachts durch die Straßen fliegen sah. Wer das florierende Geschäft eines jüdischen Mitbürgers gern selbst gehabt hätte, zeigte ihn bei der Parteileitung an. Andere brachte man mit Kommunisten oder Sozialdemokraten oder Bibelforschern in Verbindung. Es funktionierte fast immer. Und immer war es die Beute. Folgerichtig nannte man die Zwangsarbeiter aus Polen oder die Gefangenen aus Russland oder Frankreich die »Beutedeutschen«.

Manchmal genügte es schon, einem Schnüffler mitzuteilen, dass der unausstehliche Nachbar die Farbe Braun nicht ausstehen kann. Braun war zur heiligen Farbe geworden. Das Braunhemd des »Führers« war sakrosankt wie das Leichentuch Christi.

Woher kam dieses Braun? Wie kam es zu dieser Karriere? Braun wie die heilige Scholle? Oder hatte es eine Verbindung zur Mythologie? Weder noch. Vor zehn Jahren sind Forscher durch Zufall draufgekommen. Die Geschichte ist schnell erzählt.

Hitler und die Mannen der ersten Stunde waren zu der Ansicht gekommen, dass die NSDAP eine Kampftruppe braucht, die sich durch eine Uniform Geltung verschaffen soll. Noch liefen die Soldaten des Ersten Weltkrieges in ihren feldgrauen Uniformen herum, gab es Aufmärsche von noch nicht aufgelösten Regimentern oder Veteranenverbänden, die mit Trommeln und Pfeifen durch die Straßen marschierten. Man wollte nun eine Hitler'sche Privatarmee auf die Beine stellen. Wer aber sollte die immensen Kosten für die Uniformen aufbringen?

Der Zufall wollte es, dass ein Parteimitglied in München als

Nachtwächter in einer großen Lagerhalle in der Pacellistraße angestellt wurde. Auf die Frage, was er denn da bewache, sagte er, in den riesigen Kellergewölben des Gebäudes würden gewaltige Mengen von Stoffballen lagern, die vermutlich unverkäuflich seien, denn keiner hole da was ab oder bringe was hin. Das erregte die Aufmerksamkeit des Kassenwartes der NSDAP, und er schaute sich das an, ermittelte, wem es gehöre, woher es komme, und erzählte aufgeregt, was er da grade entdeckt hatte. Die Stoffe waren eingekauft worden für die deutschen Truppen des Lettow-Vorbeck in Afrika. Nachdem diese aber zerschlagen, entwaffnet und aufgelöst waren, blieben die Stoffe liegen und seien offensichtlich vergessen worden. Beziehungsweise niemand wollte sie nach Ende des Krieges haben. Besitzer sei das alte Kaiserreich.

Die Parteileitung griff natürlich zu, und die Sturmabteilung Hitlers, abgekürzt SA, wurde uniformiert. Und die Farbe der Stoffe? Es handelte sich um Stoffe für Tropenuniformen. Sie waren braun.

Heute lebenden jungen Anhängern des Dritten Reiches wird diese Entdeckung vermutlich gar nicht gefallen. Wobei sich sofort die Frage erhebt: »Heute lebende junge …« Kann doch nicht sein.

Es leben unter uns junge Menschen, die diesem Regime der Mörder, der Schwerverbrecher, der Zerstörer von nahezu ganz Europa, die, vom Wahnsinn befallen, ganze Völker ausgerottet haben, sämtliche deutsche Städte in Trümmer gelegt und 20 Millionen Tote auf ihrem Gewissen haben, anhängen? Hat der Verfassungsschutz diesen Irrsinn nicht sofort unterbunden?

Wahrscheinlich nicht konsequent, weil seit 1945 und seit Gründung der Bundesrepublik die Meinungen auseinandergingen. Die Verfassungsschützer sind seitens der regierenden Politiker immer wieder darauf hingewiesen worden, dass es eine Gefahr von rechts für unsere Verfassung nicht gibt. Seit wir denken können, kam bei uns die Gefahr immer von links. Seit Bismarcks Zeiten. Alle Päpste haben es bestätigt. Für eine Weile war man im Vatikan sogar dankbar für Hitler. Adenauer sah es in etwas abgeschwächter Form ähnlich. Als Willy Brandt Bundeskanzler wurde, sahen große Teile des deutschen Volkes das Abendland in Gefahr.

Es hat sich nicht sehr viel geändert. Besonders in Bayern nicht. Freilich sagen mir viele: Erzähl keine Märchen, wir haben mehrere Geheimdienste im Lande, die wissen immer, was die Neonazis im Lande machen. Die sind total informiert, weil sie Mitglieder von diesen Nazibanden abwerben und sie dann wieder zu ihren alten Kameraden hinschicken. Und die genießen das volle Vertrauen des Bundeskriminalamtes. Und als Vertrauensleute, genannt V-Leute, werden sie auch bezahlt. Vom Verfassungsschutz.

Aber manchmal lassen die dann doch länger nichts mehr von sich hören. Und hie und da taucht der Verdacht auf, die tragen das Geld zu ihren ehemaligen Leuten, die vielleicht gar nicht so ehemalig sind. Es will jetzt jemand rausgekriegt haben, dass die Pistolen, mit denen das berüchtigte Killer-Trio aus Jena neun Menschen umgelegt hat, von dem Geld von V-Leuten stammt. Merkwürdigerweise haben sich zwei von dem Trio selber umgebracht. Mit der Vertrauenspistole. Wie sie das gemacht haben, ist ein Rätsel. Es wird gerätselt, ob der, der sich zuerst erschossen hat, dann seinen Kameraden … klingt komisch. Aber es ist so ziemlich alles komisch, was uns darüber erzählt wird.

Komisch wirkt auch der neue Innenminister. Friedrich aus Bayern. Der Mann kam, setzte sich auf seinen Ministerstuhl und stellte erst einmal fest: Die Gefahr kommt von links. Wie gesagt, der Mann heißt Friedrich und ist auch sonst zu nichts zu gebrauchen. Zu dem Fall der neun Morde sagte er ... das heißt, er gab keine Auskunft, er gab ein Interview:

Frage: Herr Minister, haben Sie die Gefahr von rechts unterschätzt?

Minister: Nein. Haben wir nicht. Dass es rechte Extremisten gibt, wissen wir. Aber das werden wir nicht zulassen.

Frage: Wieso waren die Mörder nach den Morden ganze 13 Jahre lang verschwunden?

Minister: In Thüringen, ja ja.

Frage: Wie kann so etwas passieren?

Minister: Wir brauchen ein Abwehrzentrum. So was darf nicht passieren.

Frage: Sie haben also den rechten Terror unterschätzt.

Minister: Wir hatten bisher keinen konkreten Anhaltspunkt für Rechtsterrorismus.

Frage: Moment, sind denn die neun Mordopfer kein Anhaltspunkt?

Minister: Das werden wir erst nach den Ermittlungen ...

Frage: Wofür haben Sie denn die V-Leute, wenn die Mörder dann in Thüringen versickern?

Minister: Auch diese Frage kann erst nach den Ermittlungen ...

Frage: Kann man von einer braunen RAF sprechen?

Minister: Für eine abschließende Bewertung kann vor dem Abschluss der Ermittlungen nichts ...

Frage: Was wissen Sie eigentlich?

Minister: Das wissen wir erst nach den Ermittlungen ...

Nach meinen Ermittlungen war das der Innenminister der Republik.

Aber auch der Generalsekretär der CSU Dobrindt wusste bereits nach dem ersten Mord: Die RAF ist wieder da!

Die Rote-Armee-Fraktion. Da war klar: Die größte Gefahr ist die Dummheit, und die kommt von allen Seiten. Aber niemand weiß genau von wem. Bei Dobrindt kann man sie orten.

Natürlich auch bei der Runde der Ratgeber rund um die Bundeskanzlerin. Als sich herausstellte, dass der Verfassungsschutz seit Längerem schon 27 von 76 Abgeordneten der Partei der Linken beobachtet, wozu auch die Bundestagsvizepräsidentin Pau gehört, da entstand im Lande so ein Gefühl, schwankend zwischen Peinlichkeit und Lächerlichkeit, ließ die Kanzlerin mitteilen, dass sie da keinen Anlass zur Begründung, oder so ähnlich, oder keinen Grund zur Veranlassung, jedenfalls hätte sie da keine Bedenken, sich lächerlich zu machen.

Auf die besorgte Anfrage der *Süddeutschen Zeitung*, ob die Kanzlerin Gregor Gysi für verfassungsgefährdend halte, der genau wie Sahra Wagenknecht und Dietmar Bartsch zu den Observierten gehört, seiberte der Bundeschefpressesprecher: »Die Bundeskanzlerin kennt viele Bundestagsabgeordnete. Was sie von dem einen oder anderen privat hält, ist das eine. Ein gesetzlicher Auftrag ist das andere.«

Der Bundesmärchenchef will also allen Ernstes mitteilen, es gäbe für diesen Bewachungsunsinn einen gesetzlichen Auftrag?

Der Verfassungsschutz muss also 27 Bundestagsabgeordnete sowie elf Landtagsabgeordnete rund um die Uhr observieren. Das hieße: Es wird angenommen, dass Die Linke ein verfassungsbedrohendes Potential hätte, Waffenlager sowie Sprengstoffexperten zu ihrer Verfügung stünden, dass sie putschverdächtig sein könnten und vor allem extrem fanatisch und radikal wären. Nachdem es auch Vorschrift ist, nie einen Bewacher allein arbeiten zu lassen, sondern immer einen Bewacher des Bewachers dazuzukommandieren, der wiederum als Bewacher des Bewachers vom Bewachten bewacht werden kann, hätten die zusammengerechnet 38 Observierten es mit 76 Beamten zu tun, die nichts anderes zu tun hätten, als aufzupassen, ob Gysi den Berliner Hauptbahnhof in die Luft sprengen will. Abgesehen davon, dass viele Berliner auch sagen: »Da gehört er auch hin« ... der Hauptbahnhof, könnte man auch über die Effektivität eines hochqualifizierten Hinterhergängers nachdenken beziehungsweise über die Rentabilität des ganzen Verfassungsschutzes, denn diese 76 Observierer beziehen Gehälter, werden älter, beziehen dann Rente bis zum Lebensende und haben nichts anderes gemacht, als Gregor Gysi vom Äußersten abzuhalten. Das mit der Rente allein rentiert sich schon nicht. Ganz abgesehen von der Tatsache, dass dieser Maxi-Job auf Grund seiner geistigen Anspruchslosigkeit zur Früh-Debilität führen kann.

Aber was besonders zu bedenken ist, scheint mir das hier vorliegende Missverhältnis zwischen Gesetz und Verstand zu sein. Wenn 76 Beamte rund um die Uhr auf Menschen angesetzt sind, deren Tätigkeit darin liegt, im Parlament zu arbeiten, während ein Mördertrio der Neonazis jahrelang nicht einmal ansatzweise geortet werden kann, weil dafür zu wenig Beamte zur Verfügung stehen, muss der gesetzliche Auftrag schleunigst geändert und der Verfassungsschutz überwacht werden.

Wozu noch das Personal des Abschirmdienstes und des Bundesnachrichtendienstes käme. Nach kurzer Ausbildung könnten das mühelos (immer zwei für einen) 120 000 Minijobber übernehmen. Ich halte das für den besten Weg, die Vollbeschäftigung wieder zu erreichen.

VERDUNKELUNG

Die letzte Verdunkelung in Deutschland hatten wir 1945. Es wird schon wieder duster in den Städten. Die Leuchtmitteldiktatur von Brüssel. Es heißt nicht mehr Glühbirne, es heißt Leuchtmittel. Die große Leuchtmitteldämmerung schlägt zu. Das Licht ist grässlich. Wie in einem schlecht gemachten Film.

Die Designer werden weinen, wenn sie ihre Kunstwerke so versackt und versickert sehen. Das Leuchtmittelmaß triumphiert. DDR-Bürger werden sich erinnern. Die Schöpfung wird ruiniert. Der Herr sprach: Es werde Licht. Brüssel spricht: Es werde nicht.

Buchleser werden sich die Augen verderben. So klein die Buchstaben werden, so dünner die Beleuchtung. In den Hotels gibt es schon keine Leselampen mehr. Und wenn, dann richtet sich das Leuchtmittelchen nach oben an die Zimmerdecke. Der Portier fragt verwundert: »Wozu brauchen Sie Licht am Bett?«

Langsam verdunkelt sich die Erinnerung an hell erleuchtete Städte und Wohnungen.

DER WAFFENKAISER

Wenn du's nicht nimmst, nimmt es ein anderer. Man weiß, man muss nehmen, was man kriegt. Warum? Weil es sonst ein anderer nimmt.

Nehmen wir mal an, man kriegt Prozente bei einem dreckigen Geschäft. Nehmen! Sofort. Weil ein dreckiges Geschäft in der Regel höhere Anteile hat.

Anteilnahme klingt gut. Anteilnehmer klingt mächtig gut. Mehr Anteile – mehr Macht. Anteile von einem Geschäft, das etwas verkauft, was Männern, Frauen, Kindern und Tieren das Leben kosten wird. Oder Hände und Füße. Tretminen.

Es ist viel Geld damit zu verdienen. Da verdienen wir Deutsche hervorragend. Wenn wir's nicht machen, machen's andere. Dass die, die das herstellen und verkaufen, als Verbrecher gelten, gilt als richtig.

Nur, wenn es ein Verbrechen ist, wie macht man das? Heimlich? Ungesetzlich? Nein. Staatlich. Vom Parlament abgesegnet. Zigtausende Anträge zur Genehmigung von gigantischen Waffengeschäften liegen jährlich dem »Hohen Hause« vor. Abgelehnt werden 0,6 Prozent.

Deutschland ist der drittgrößte Waffenlieferant. Befeuert Kriege, Bürgerkriege, Revolutionen, damit aber keine Ungerechtigkeit einreißt, immer unter Belieferung beider Seiten: liefert U-Boote, Panzer, Streubomben, Drohnen, Minen.

Die Kanzlerin? Ein überwältigender Teil des deutschen Volkes hat eine Frau wiedergewählt, die seit Jahren, kommt einmal eine Anfrage von links, dieses gelangweilte Gesicht zeigt, das darauf schließen lässt, dass sie das für normal hält. Wenn wir's nicht machen, macht's ein anderer.

Diese Bundeskanzlerin fügt unserem Staat Schaden zu. Darum lasst uns einen anderen Text unserer Nationalhymne singen:

»Einigkeit und Recht auf Reichtum
für Heckler, Koch und Mannesmann.
Damit lasst uns fröhlich morden,
wenn wir's nicht tun, sind andre dran.«

Moooment! Wo bleibt jetzt eigentlich der Zwischenruf: »Und was ist mit den Arbeitsplätzen, du Idiot?«

Das ist völlig richtig. Wenn man bedenkt, wie viele zigtausende Arbeitsplätze weg waren, als der Zweite Weltkrieg aus war! Und warum haben wir den angefangen? Mein Gott, wenn wir's nicht tun …

WIE VIEL IST EHRE WERT?

Wulff bekommt Ehrensold. Wem hat er denn welche gemacht? Und muss er zu den 199 999 Euro jährlich jetzt noch was dazuverdienen? Sehr wahrscheinlich, denn er muss ja noch die Zinsen für die Maschmeiers bezahlen. Oder werden die abgezogen von der Ehrenabfindung?

Abfindung wäre das passendere Wort. Er muss sich damit abfinden, dass er den Sold nicht abgelehnt hat. Das lockt unser Mitleid heraus. Aber wie soll man das formulieren? Ein Sprecher des Fernsehens ist daran schon gescheitert. Er sagte: »Christian Wulff musste in seinem Leben viel einstecken.«

Muss er das wieder rausrücken? Muss er, zum Beispiel, wie ein Hartz-IV-Bezieher melden, wenn er beim Schneeschippen etwas dazuverdient hat? Und muss er mit dem Dienstauto, das ihn mit seinem Chauffeur und dem Sekretär immer ins Büro fahren muss, bis an sein Ende auskommen? Darf er nur ins Büro fahren und nicht zu seinen Freunden? Wahrscheinlich. Ein bitteres Ende. Und eine harte Strafe für gerade mal 598 Tage Bundespräsident.

Für viele Bürger erzeugt der Vorgang gewiss Heiterkeit. Der Chef des Bundespräsidialamtes, ein Vertrauter des Expräsidenten, durfte über die Vergabe des Ehrensoldes entscheiden. Er kam zu dem Ergebnis, dass es politische Gründe waren, die Wulff bewogen, aus dem Amt zu scheiden. Aber er ließ verlauten, dass er sich aus Gründen der Befangenheit entschlossen hatte, seinen Stellvertreter unterschreiben zu lassen.

Wir Deutsche haben es einfach gut. Wir haben es nicht nötig, Humor zu erzeugen. Wir bekommen ihn täglich geliefert.

DEUTSCHE BILANZ

Walser hat recht. Wir Deutsche dürfen uns nicht dauernd den Moralknüppel zwischen die Beine werfen, so oder so ähnlich hat er es gesagt. Oder war's eine Keule? Wir müssen endlich mal einen Schlussstrich unter den Knüppel ziehen, oder die Keule in den Schrank hängen.

Wir Deutsche sind doch ganz passable Leute. Und wenn wir's nicht waren, sind wir's doch geworden. Wir sind doch nett. Nur die Ausländer merken das nicht. Typisch. Sind eben Ausländer. Und im ärgsten Fall Engländer.

Stellen Sie sich vor, wir wären wirklich so, wie die uns beschreiben: plump – blöd – fett – grob – geschmacklos – humorlos – laut – immer aggressiv – besoffen – dumme Texte – laut singend – in lächerlichen Shorts mit lächerlichen Halbschuhen – mit gräulichen Socken, die bis zum Schienbein reichen und immer rutschen – mit kleinen blöden Hüten auf dicken Köpfen, mit dumpfbackigen, immer mampfenden Kindern, die zentnerweise Popcorn in alle Ecken spucken …

Ich kenne die Familie. Sind Holländer.

Ich muss gestehen: Seitdem Ausländer in unserem Lande verprügelt werden, umgebracht werden, verachtet werden … fahre ich nicht mehr so gern ins Ausland. Und wenn, versuche ich dort nicht wie ein Deutscher zu wirken. Aber es kommt immer raus!

Zum Beispiel in Italien. Ich ziehe einen italienischen Anzug an, gehe in ein Café, schlendere lässig an einen Tisch, schaue neapolitanisch und sage azurromäßig: »Una grappa, per favore.«

Aber der Ober antwortet: »Bitte sehr, der Herr.«

Was ist das? Warum wird man als Deutscher *sofort* enttarnt? Vielleicht ist es eine gewisse deutsche Körpersprache? Dieses Hineinmarschieren und dieser Blick, der den Stuhl fixiert, auf den man sich setzt, und in den Augen dieses deutsche SSoh! Hier sitze ich, ich kann nicht anders! Wenn das so ist, habe ich mir gedacht, dann muss man sich anders spielen. Sich anders aufführen.

Habe ich gemacht. In Venedig. Ich bin in das Café hineingetänzelt, habe einen Wechselschritt eingeschoben, habe einen Cha-Cha-Cha geträllert und habe meine Zielrichtung plötzlich geändert und mich ganz woanders hingesetzt. Da saß schon einer.

Ich sagte: »Scusi.«

Und er: »Arschloch.«

War ein Grieche aus Aschaffenburg.

Aber was jetzt das Zuwanderungsgesetz betrifft, nachdem die Visaschwemme jetzt als Argument herhalten muss, kommt es wahrscheinlich nicht, aber ich bin trotzdem dafür. Warum?

Ich hab einen Spiegel zu Hause. Nicht immer schaffe ich es, ohne hineinzuschauen an ihm vorbeizukommen. Und dann denke ich mir: »Das ist der Schöpfung Schönstes nicht.«

Dann gehe ich auf die Straße und stelle fest, dass es viele ähnlich gelagerte Fälle gibt. Drum meine ich ja, lasst schöne Ausländerinnen und Ausländer ins Land und schaut zu, dass wir uns vermischen. Wir können uns nur verbessern.

Es ist auch gut für unsere Bräuche. Die hängen einem schon lang aus dem Hals heraus. Nicht alle. Aber manche gehören geändert. Weihnachten zum Beispiel. Nicht Ihr privates Weihnachten zu Hause. Das ist nicht schlimm. Das sieht ja keiner.

Nein, diese Betriebsweihnachtsfeiern. Behördenfeiern. Grässlich.

Menschen, die ein Leben lang miteinander arbeiten, sollen sich einmal im Jahr plötzlich lieben! Bei Bier und Schnaps und faden Pfefferkuchen, dann kommt der Chef beschwingt aus einem Nebenzimmer, wo er mit seiner Sekretärin ein Punschkind gezeugt hat, stellt sich vor seine Belegschaft und sagt: »Wir sind alle eine Familie.« So gesehen schon. Und dann sagt er noch: »Ich liebe euch alle«, und da hört man es hinten schon aufrührerisch rülpsen. Und dann kommt der Nikolaus, aber hier hat sich schon was geändert.

Wussten Sie, dass jeder dritte Nikolaus kein Deutscher mehr ist? Es ist wahr! Es sind lauter Ausländer in allen Farben und Sprachen, unterbezahlte Ein-Euro-Läuse, und das klingt auch viel lustiger ... Zu Hause hieß es immer:

>   »Von drauß' vom Walde komm ich her –
>   Ich muss euch sagen, es weihnachtet sehr.«

Das heißt jetzt:

>   »Wir allen Nikolausen
>   komm von drausen
>   wir haben Nussen in Sacken
>   und mussen Weihnachten knacken.«

BURSCHENSCHAFTEN

Wenn es heißt, dass Menschen »unter einer Decke stecken«, stellt sich die Frage: Wie geraten sie da drunter? Sie müssen kriechen. Es geht bloß kriechen. In aufrechter Haltung kommen sie unter keine Decke. Die kriecherische Haltung führte seit vielen Jahrzehnten die Burschenschaften und die Korps aus Deutschland und Österreich zusammen.

Immer mehr, immer lauter werden sie, immer lächerlicher werden die Bilder von ihren Aufmärschen mit Fackeln wie zu Hitlers Tagen, als sie blitzschnell die Hakenkreuzfahnen entrollt und die Unterwerfung angeführt haben, als sie von nationalem Stolz ihres Verstandes völlig berauscht unters Hakenkreuz gekrochen sind, wie die »alten Herren«, deren Backenbreite sich vervierfacht hat, das Mützchen aber noch so klein wie damals …

Die aktuellen Aktiven, auch schon zu alt für diese Blödigkeiten, denen passt zwar die Mütze, sonst aber gar nichts. Alles drin in diesen Schädeln: Rassismus, Antisemitismus, Frauenverachtung. Das Fatale ist: Unser zuständiger Innenminister passt genau unter diese Mützen.

NEONAZIS

Sollten wir eines Tages mit der nazifeindlichen Einstellung unserer Polizei die zehn Prozent Nazis bei uns vergrämen, haben sie schon gedroht, dass sie auswandern.

Wahrscheinlich werden wir sie alle in Österreich wiedersehen. Hier fühlen sie sich wohl. Das Wohlwollen der Bevölkerung spüren sie, wenn es sich um die Ausräucherung von Einwanderern handelt, und bei den letzten Wahlen, gleich nach den unseren, haben sie gestrahlt.

Wenn sie in Österreich ein paar Prozentpunkte gewinnen wollen, müssen sie versprechen: Grenzen dicht, Korruptionsgesetze lockern, schon ist das Geld da von der Hochfinanz, in Kärnten liebäugeln sie schon wieder mit der Wiedereinführung des Ariernachweises. Wenn die Scheiße Heimweh kriegt, will sie wieder dorthin, wo sie herkommt. Und wo kommt die »Goldene Morgenröte« her?

Man sagt ihr nach: Totschlag, versuchter Mord, schwere Körperverletzung, Erpressung, Geldwäsche. Das sind Nazis in Griechenland. Vermutlich die Nachkommen derer, die damals mit den Nazis gearbeitet haben, die Massaker unter den eigenen Landsleuten begangen haben. Dafür gab es Geldgeber. Auch Polizisten waren darunter.

Diese »Morgenröte«, diese kriminelle Vereinigung, hat 18 Sitze im griechischen Parlament. Im Parlament. Nicht im Gefängnis.

IM WAHLKAMPF

Bei den Recherchen zum NSU-Prozess stellte man fest: Im Unterschied zu Thüringen und Sachsen-Anhalt fehlt in München nur eine Seite. Dort fehlen ganze Akten. Die müssen entlaufen sein. Es heißt ja auch »laufende Akten«.

Wir würden da eigentlich nur fragen: Wieso ist diese Meldung in keiner Zeitung zu lesen gewesen? Kam in keiner Sendung des Fernsehens?

Normalerweise sagt man in Bayern: »Passt scho.«

In dem Fall heißt es: »Passt net.«

Und hier würde ich im Sinne von Christian Morgenstern antworten:

»Eingehüllt in feuchte Tücher,
prüft er die Gesetzesbücher
und ist alsobald im klaren:
Niemand darf etwas erfahren.
Und er kommt zu dem Ergebnis:
Nur ein Traum war sein Erlebnis.
Weil', so schließt er messerscharf,
›nicht sein *kann,* was nicht sein *darf*‹.«

Was sein muss, ob kurz oder lang, so notwendig wie die Wetterkarte, ist das Bulletin der schwerkranken Volksparteien. So wie am Dienstag die Jubelposse der CDU in Hannover.

Als die Kanzlerin das Rekordergebnis von 98 Prozent erfuhr, schlich sich in ihr Gesicht so etwas wie Ungläubigkeit. Als wollte sie gesagt haben: »Ich hab doch gar nichts gemacht.«

Nie war sie der Wahrheit näher als in diesem Augenblick.

Doch dann fasste sie sich und sagte ohne hinderliche Scham, dass sie sich für die erfolgreichste Staatsfrau seit ... ja, seit überhaupt hält ... mein Gott, wenn das der Führer wüsste!

Der ganze Wahlverein brach über sich in Entzücken aus. Der Normaljubler, der Mitjubler, Unterjubler, Überjubler, aber insgeheim rechnete jeder ... wenn die FDP rausfliegt ... und alle anderen Parteien, denen wir schon abgesagt haben, nicht wollen ... dann werden wir allein regieren in der Großen Koalition.

Und alles wird wieder gut. Und Gutti kommt zurück. Und das Volk wird jubeln. Da bin ich sicher. Dabei war sein Abschied nicht zu übertreffen.

Ich war gerührt, als er in die vielen, vielen Kameras hinein mit Tränen in den Augen sagte: »Ich habe kämpfen gelernt, aber nun sind meine Kräfte am Ende.«

Böse Zungen behaupten, der Satz wäre auch nicht von ihm. Sie sagen, er wäre von Captain Kirk aus der Serie *Enterprise*.

Zum Schluss ein Vers von Otto Reutter:

> »Der Tod ist so'n schlechter Abschluss vom Leben.
> Es wäre viel schöner sicherlich
> erst sterben – dann hätte man's hinter sich
> und nachher leben.«

IMPRESSIONEN VON DEN VERKAUFSGESPRÄCHEN DER GROSSEN KOALITION

Wie sie breitbeinig und mit dem Siegerlächeln einmarschieren … in der Mitte die Kanzlerin, ein bisschen klein und ein bisschen bäuchig, aber siegessicher wie Klitschko, wenn er wieder mal ein geliefertes Schlachtopfer vorgeführt hat.

Für die Presse haben sie in zweistündigem Ringen einen Satz erarbeitet, den sie veröffentlichen. Er muss Merkel eingefallen sein, und ihre Höflinge sagten: »Genial! Das ist er!«

Der Satz heißt: »Der Fortgang nimmt seinen Verlauf.«

Die eigens zusammengerufene Sprechfindungskommission hat allerdings ermittelt, dass es ein Satz ist, der aus dem abgehörten Handytext stammt, den Obama jetzt in seinen Sprechfundus übernommen hat. Wer *den* allerdings nun wieder abgehört hat, weiß keiner.

Es ist nicht so, dass nur die Kanzlerin nichts gewusst hat. Kauder hat auch nichts gewusst. Aus der Zeitung. Er sagt aber trotzdem immer was zu allem. Cool. Kälter als kühl. Kauder ist gefrorene Sülze.

Neben ihm der kleine dicke Gröhe. Das Rundumsorglospaket der CDU, eine Art Beschimpfungsautomat. Weckt man ihn nachts auf, schreit er sofort los: »Verantwortungslose Heuchelei!«

Wenn Kauder das Parlament betritt, schiebt er seine geistige Überlegenheit wie einen Rollator vor sich her. Und was kommt noch hinter ihm?

Gröhe – Pofalla – Dobrindt – Hasselfeldt. Leuchttürme der Intelligenz! Angeführt von Merkel und Seehofer ... eine Strafe weiter ... eine Straße weiter die Spitze des roten Eisbergs, Andrea Nahles ... als Eisbrecher im Eismeer der schwarzen Mehrheit, die nach kurzer Zeit das Schlauchboot im Swimmingpool sein wird.

Und dann die triumphierende Aussage der Kanzlerin: »Mit mir wird es keine PKW-Maut geben.«

Vielleicht hätte sie mal nachsehen lassen sollen, was das Wort heißt? Ganz einfach. Zoll. Wegezoll. Wegelagerei.

GEDANKEN VOR DEM AUFTRITT

Ich komme grade zu meinem Veranstalter, und der sagt: »Komm rein und sag was.«

Und zwar zu dem Thema: Was macht der Mensch, wenn ihm das Hochwasser das Haus wegspült und er innerhalb von Minuten nichts mehr hat?

Da kann er erst mal gar nichts machen, sondern muss warten, bis Hilfe kommt. Freunde, die Schlammschippen kommen und die Trümmer wegräumen, retten, was übrig bleibt.

Aber bevor das alles passiert, sind die Fotografen schon da und die Reporter und das Fernsehen, doch bevor die kommen, sind schon die Hubschrauber da, und die Präsidenten steigen aus, die Ministerpräsidenten, die Kanzlerin, die Minister, und die Fotografen fotografieren … was? Das ganze Elend? Die Menschen?

Nein. Die Präsidenten, die Minister und den ganzen Schweif von Bodyguards, die ihre Präsidenten beschützen, damit sie nicht ins Wasser fallen, die Abgeordneten, die zu dem Wasserkreis gehören … Wahlkreis … ein Landrat fährt im offenen Jeep an einer Gruppe von Schlammschippern vorbei … die heben drohend ihre Faust und rufen: »Komm raus, du Arsch, und mach mit.«

Der Landrat winkt zurück, weil er denkt, er wird gerade bejubelt.

Am nächsten Tag: Großes Titelbild in der *Süddeutschen Zeitung:* die Bundeskanzlerin im Hubschrauber über den Wassern von Rosenheim, neben ihr Seehofer im Taucheranzug, er winkt runter –

Ich bin der Horsti … der Heilige Geist – ich schwebe über den Wassern … Bayern kann nichts passieren … wir beide werden euch trockenlegen. Und Flüsse und Bäche legen sich wieder ins Bett.

Am nächsten Tag der Aufmacher im *Mangfallboten,* einer Weltzeitung: Riesenfoto von Merkel und Seehofer an den Wassern von Passau.

Das musste alles gesagt werden, bevor ich anfange mit dem Programm »Ich kann doch auch nichts dafür«, obwohl das, was geschieht in diesem Land im Augenblick, durchaus etwas mit dem Titel zu tun hat, was ich aber nicht wissen konnte, als ich anfing, dieses Programm zu schreiben. Dass der Steuerhinterziehungsberechtigte Hoeneß gar nichts dafür kann, wissen wir doch.

Er hat ja gar nicht hinterzogen – er hat nur gezockt. Das sind mildernde Umstände. Außerdem, und das hat der Strauß-Verehrer Hoeneß von ihm gelernt: »Vor dem Gesetz sind alle gleich. Aber doch nicht gleich alle.«

Er hat für 20 Millionen, die ihm irgendein Adider oder Adidas in die Taschen geschoben hat, nur so, weil der Adidassler sich nichts macht aus Geld, und es hat auch gar nichts damit zu tun, dass Adidas dann den Auftrag für den FC Bayern gekriegt hat, und für die Millionen hat er offenbar keine Steuern, das ist ja doch nichts Schlimmes, denn es handelt sich ja nicht um ein Vergehen, sondern um Hoeneß.

In der *ZEIT* hat er eine große Beichte abgelegt: Er schläft jetzt schlecht, er schwitzt, er wälzt sich, und er denkt dauernd!

Die ganze Bayerische Staatskanzlei ist geschlossen. Geschlossen hinter ihm, meine ich.

Auf die *Spiegel*-Frage: »Herr Seehofer, wie befreundet sind Sie mit Hoeneß?«, sagt er: »Ich habe ihn schon lange nicht mehr gesehen.«

WAHN

»Als Wahn bezeichnet man eine Fehlbeurteilung der Realität, die erfahrungsabhängig und damit oft mit unkorrigierbarer Gewissheit auftritt und an der der Patient mit subjektiver Gewissheit festhält, auch wenn sie im Widerspruch zu den Erfahrungen und Meinungen seiner Mitmenschen steht. Der wahnhafte Gedanke wird vom Patienten nicht als unsinnig, sondern als real erlebt.«

aus: Uwe Henrik Peters: *Wörterbuch der Psychiatrie und medizinische Psychologie*

Aus den bisherigen der Presse bekannten Ermittlungen:

Als G. Mollath erkannte, dass seine Frau, bei der Hypobank in gehobener Position, merkwürdige Geldgeschäfte
macht, bat er sie, davon abzulassen. Sie wehrte entrüstet ab.
Nach mehrmaliger Aufforderung drohte sie ihm, sie werde
ihn, wenn er damit an die Öffentlichkeit ginge, fertigmachen.
Er erstattete gegen seine Frau Anzeige.

Zuvor hatte Mollath offenbar seine Frau tätlich angegrif-
fen. Dies zeigte seine Frau an. Allerdings erst ein Jahr später.

Nun richtete sich die Anklage gegen ihren Mann wegen
»erwiesener« Tätlichkeit sowie schwerer Verleumdung. Mollath wurde nach einem Prozess in die Psychiatrie eingewiesen. Er hätte, so lautete unter anderem das Urteil, »wahnhafte Vorstellungen«.

Die Experten, immer im Besitz der Weisheit des oben zitier-
ten Lexikons, wussten: »Als Wahn bezeichnet man eine Fehlbeurteilung der Realität.« Würde heißen: Mollath glaubt im
Ernst, dass eine hochangesehene Bank wie die HypoVereinsbank Schwarzgeldgeschäfte betreiben könne. Das kann die
Realität nicht sein. Genau das aber behauptet dieser Mollath
mit »unkorrigierbarer Gewissheit«.

Und auf die Frage, ob er wirklich glaube, dass diese unge-
heuerliche Behauptung zutreffe, hat er auch noch mit subjektiver Gewissheit daran festgehalten, statt mit objektiver
Ungewissheit zuzugeben, dass er sich aus den Fingern geso-
gen habe, was auch »im Widerspruch zu den Erfahrungen
und Meinungen seiner Mitmenschen steht«. Die vorstehen-
den Führungskräfte der Hypo und die Vereinsleitung der Ver-
einsbank haben sofort empört zurückgewiesen, dass sie mit
Geld zu tun haben, das ungewaschen ist. Das stünde im Widerspruch zu der Meinung sämtlicher Banker. Ergo waren die
Gedanken von Mollath »wahnhaft«.

Und so wurde er in Sicherheit gebracht. Also in die Sicherheit, in der sich die befinden, die hinter dem Geld stecken, das jetzt irgendwo in der Schweiz porengereinigt auf einer Bank Zinsen abwirft.

Zu vermuten, dass das ein Mitglied einer gehobenen Gesellschaft oder gar einer Regierung sein könnte, ist ein Gedanke, der »mit unkorrigierbarer Gewissheit auftritt«, an der ich aber nicht mit suggestiver Gewissheit festhalte, weil es sonst nach Meinung des Nürnberger Oberrichters ein wahnhafter Gedanke wäre. Als man Mollath damals fragte, ob er zugebe, dass er verrückt sei, hat der das nicht gemacht. Das hat das Gericht mit subjektiver Gewissheit zu dem Urteil gebracht, dass er verrückt sein muss. Und dann hätte er mildernde Umstände gekriegt, so hat er bis zum heutigen Tage sieben Jahre gekriegt. Unschuldig zu sein und darauf zu bestehen ist ein wahnhafter Gedanke.

Sicher ist: Das Urteil ist kein tödlicher Irrtum. Der Richter ist in Pension, Frau Mollath lebt noch.

BAYERISCHE JUSTIZ

Man darf nicht alle Gesetze, die nach 1933 in Kraft gesetzt wurden, verachten. Oft wurden sie von Menschen gemacht, die viel Maßgebliches geleistet haben. Unter Hitler. Es waren Gesetze, die mühevoll erarbeitet worden sind.

Mit welcher List und welcher Intelligenz zum Beispiel hat man die lästige Polizei entmachtet, die immer noch darauf bestanden hat, dass es Gesetze gibt, die auch die Partei einhalten muss. Es klingt einfach, aber darauf kommen musste man.

1935 bekam die SS ebenfalls die Polizeigewalt. Von da an lief alles nach Plan für Hitler. Ein kluger Kopf, dem das entsprungen war. Ein gewisser Maunz. Es gab noch andere.

Die ließ man nach 1945 nicht einfach laufen, ich meine spazieren gehen, was sie durchaus hätten tun können, denn sie bekamen ohne Übergang ihre recht anständigen Pensionen.

Maunz wurde nach '45 natürlich nicht Justizminister in Bayern. Aber Kultusminister.

(Ein Mann mit Charakter, denn er hat nie verleugnet, ein Nazi geblieben zu sein. Er schrieb fleißig weiter für Neonaziblätter. Allerdings unter falschem Namen.)

ERFREULICHES AUS BAYERN

Es gibt auch erfreuliche Mitteilungen aus dem vorigen Jahr. Und wo sollen die schon herkommen?

Aus Bayern natürlich. Stoiber ist wirklich gegangen. Im letzten Moment muss er noch gezögert haben. Das Umfrageinstitut dimap hatte kurz zuvor gemeldet: 73 Prozent der Bayern sind mit Stoiber zufrieden. Und der Rest von 54 Prozent ist sogar hochzufrieden.

Ich habe es geahnt, er ist von diesem Diadochenpaar gemobbt worden. Huber, das intellektuelle Zentrum Bayerns, der Mann, dessen gepflegte Sprache ganze Parteitage in Furcht und Schrecken versetzt ... wenn man Ruhe im Parteivolk haben will, kann Huber mit seiner Rede wie ein Anästhetikum eingesetzt werden. Wenn er fertig ist, könnten die Zuhörer schmerzlos operiert werden. Der niederbayerische Cicero ist jetzt endlich Parteichef.

Beckstein wiederum stellt die Lücke dar, die Stoiber hinterlässt. So schöne Sätze wie Edelmund, wie Edmund, wird er nie zustande bringen, wie zum Beispiel: »Ich habe hohen Respekt vor der Achtung, die ich vor mir habe.«

Dieses traute Paar, die beiden werden von den Berliner CSU-Abgeordneten schon die Kaczinskis genannt, hat sich das Erbe des scheidenden Duodezfürsten aufgeteilt.

Der Abschied wollte gar nicht enden. Sie sind alle so dankbar! Huber hatte sich sogar ein paar Tränen mitgebracht. Er hat ihm gedankt für die Erhaltung der Landwirtschaft in Bayern. Im Namen der Großbauern. Die Kleinbauern sind alle geschrumpft, ihre Felder Golfplätze – ihre Höfe Museen. Er hat gedankt, und zwar aus vollem Herzen für seine kommunalfreundliche Politik, da lachen die Kommunalpolitiker, und zwar aus vollem Hals, bis wohin ihnen das Wasser steht.

Dann dankt er weiter, der Huber, und zwar tief empfunden für die Erhaltung der christlichen Tradition – besonders am Bischofssitz in Regensburg, wo die Eltern misstrauisch werden, wenn ein Pfarrer verkündet: »Lasset die Kindlein zu mir kommen!«

WENN REICHE VERARMEN

Wir müssen umdenken. Der Hunger ist schon überall. Reiche verarmen vor unseren Augen. Wie vom Feuer vertriebene, im Schlaf überraschte Obdachlose stehen sie vor uns. Die Frau Schaeffler. Mit nichts als einem Pelz. Hilflos.

Wer einmal Milliarden hatte, Immobilien, Unternehmen, Autos, Aktien, Yachten, ist arm dran. Wer nichts hat, muss sich von nichts trennen. Er hat leicht lachen. Schwerer wird es für die Reichen, denn sie haben keine Erfahrung im Verarmen.

Muss man sich Sorgen machen um die arme Frau Schicke-danz? So wie sie ihr Schicksal der *BILD*-Zeitung geschildert hat, überfiel sie die Armut wie ein plötzliches Erdbeben.

Schicksalsschlag Nummer eins: Sie fährt nach St. Moritz, und jäh fällt ihr ein, dass sie dort gar kein Haus mehr hat.

Schicksalsschlag zwei: In Venedig auch nicht mehr.

Florida wäre noch gegangen, aber Schicksalsschlag Num-mer drei: Sie hat kein eigenes Flugzeug mehr.

Sie entschließt sich, an die Côte d'Azur zu fahren, da hat sie noch ein Haus. Beim Nachzählen ihres verbleibenden Geldes beschließt sie, ab sofort mit dem Essen zu sparen. Im Park, hinter der Villa, baut sie zusammen mit ihrem Gärtner Kartof-feln an und für die Suppe Karotten und Brennnesseln.

Spätabends bekommen sie und ihr Mann Hunger, und sie lässt eine Pizza holen. Eine für zwei! Und das ist bitter für den Butler.

KLARE FRONTEN

Wir haben klare Fronten. Drei Klassen. Überschaubar. Und alle bleiben unter sich. Die Reichen machen elektrische Zäu-ne um ihre Besitztümer, schließen sich zu Schutzgemeinschaf-ten mit einem Bataillon Security-Leuten zusammen. 20 Milli-ardäre sind eine Community. Bewachte Eingänge, also Gates, also Gates Communities mit Detektiven, Hundestaffeln und rundherum kleinen Wachtürmchen. Die Google-Autos wer-den mit der leichten Artillerie beschossen.

Die zweite Klasse ist solidarisch, weil sie in die Erste will. Die dritte Klasse bewacht mit Hilfe der zweiten die erste Klasse.

Das scheint jedenfalls so zu sein, wenn man das Wählerverhalten der überwältigenden Mehrheit der dritten Klasse beobachtet. Sie hat sich mit der ersten Klasse abgefunden. Auch mit dem Hinscheiden des Sozialstaates. Der bekommt ein Begräbnis erster Klasse. Die Grabreden halten Herr von Henkel und Herr Hundt im Namen der Arbeitgeberverbände.

Ein letztes Mal noch haben die Gewerkschaften auf den Aufschwung, auf die Milliardengewinne, auf das Ende der Krise hingewiesen … und wollten mehr Lohn.

Um Gottes willen, haben die Hundts aufgeschrien: »Jetzt mehr Lohn verschreckt sofort den Aufschwung.«

»Aber«, sagen die Gewerkschaftler, »als ihr riesig verdient habt und wir Lohnerhöhung forderten, habt ihr gesagt: ›Um Gottes willen, jetzt Lohnerhöhung – dann purzeln die Kurse! Wir sacken ab!‹«

»Jawohl«, sagen die Hundts, »und wenn's wieder raufgeht, müssen wir Rücklagen haben für die Zeit, wenn's wieder runtergeht.«

Also, wenn ich so ein Arbeitgeber wäre, hätte ich ja auch Angst vor dem streikenden Deutschen. Er ist ja gefürchtet, dass er zu Millionen sofort die Straßen verstopft, die Arbeit nicht niederlegt, sondern hinschmeißt, Barrikaden baut, Autos umwirft, anzündet, Fensterscheiben einwirft, Pflastersteine schleudert, Ministerien besetzt und Eier, Tomaten und Bierflaschen schmeißt und Generalstreiks anzettelt.

Und die Arbeitgeber? Wie früher machen sie die Werktore zu und lassen keinen mehr rein.

Ich habe mal den großen Gewerkschaftsführer Kluncker gefragt: »Wie lange könnten sich die Gewerkschaften ihrem Vermögen gemäß, das ja immens sein soll, einen Generalstreik leisten?«

Kluncker überlegte und sagte: »Drei Wochen.«

»Und«, fragte ich weiter, »die Arbeitgeber?«

Ohne zu überlegen sagte Kluncker: »Drei Jahre.«

Ob das nun wahr ist, weiß ich nicht, weil Zahlen nie stimmen, weil Arbeitgeberhundts und AKW-Bosse und Jobcenterleute, die die Arbeitslosenzahlen verbreiten, und die Aufschwungleute, die BIP und BAP – Bruttoinlandsproduktion und Bruttoauslands... dings und und und ... mal so gesagt:

So wie Münchner Krankenhäuser mit dreckigen Bestecken operieren, operieren die Verbandsphilosophen, die Hundtshenkelmafioten, mit falschen Zahlen. Beides kann zu Entzündungen am Volkskörper führen.

RÜCKTRITTE

Vielleicht kommen bei Ihnen irgendwelche Zweifel auf über meine Lebensplanung. Ich habe das Wort früher überhaupt nicht gekannt, das habe ich aus den vielen hilfreichen Mitteilungen aus meinem Haushaltsgerät, dem VV, dem Verblödungsverstärker ... na, dem Fernsehen, dieses Wort »Lebensplanung«.

Ich habe 83 Jahre völlig planlos dahingelebt. Es geht alles viel zu schnell. Bevor ich am Montag plane, was ich Dienstag mache, ist schon wieder Samstag.

Im Frühjahr mache ich mir einen Plan für den Sommer, aber der ist so kurz, dass ich im Herbst erst dazu komme, mich zu wundern, wieso der Winter schon wieder vorbei ist.

Bevor man erklären kann, was man vorhat, hat man's schon wieder hinter sich. Gestern habe ich noch gedacht: Ich trete jetzt auch zurück. Heute denke ich: Wovon denn?

Ganz einfach: Ich trete als Wähler zurück. Aber das hat ja

keinen Sinn. Kaum wähle ich einen zu irgendwas, tritt der zurück. Erst der Koch, dann der Köhler, dann Ole von Beust.

Immer wenn einer im Fernsehen erscheint, denke ich: Jetzt tritt er zurück. Dabei haben die ja alle keinen Platz mehr, zurückzutreten, weil hinter ihnen all jene stehen, die schon zurückgetreten sind. Jetzt treten auch noch die Bischöfe und -schöfinnen zurück. Wahrscheinlich, weil das immer so einen PR-Knall gibt. Der Mixa soll aus dem Kloster ausgebrochen sein, damit er noch mal zurücktreten kann.

Um ein Haar wäre der Löw zurückgetreten. Warum, weiß kein Mensch. Wahrscheinlich weil der kleine Lahm dem großen Ballack diese wahnsinnig wichtige Kapitänsbinde nicht zurückgeben will. Die Zahl der Rücktritte wird immer größer – die Gründe für die Rücktritte immer kleiner.

Ich war richtig erschrocken, als die Löw-Buben gegen Spanien verloren haben, weil ich dachte: Tritt jetzt die Merkel zurück?

Sie hat sich ja so richtig diplomatisch verhalten. Wie sie bei dem Argentinienspiel herumgehüpft ist in ihrem roten Futteral!

Peinlichkeit, Heuchelei, Verlogenheit, all das geht mit einem Schlag los, wenn es sich um einen Rücktritt handelt.

Ob es nun ein Ministerpräsident ist, der aus unerklärlichen Gründen beim Skifahren einen Geisterfahrer macht, einen Todesfall verursacht, sich danach überhaupt an nichts mehr erinnern kann, nur daran, dass er Ministerpräsident ist und wiedergewählt werden will, ein Wunder, dass er bei seiner Vereidigung und der Frage »Herr Althaus, nehmen Sie die Wahl an?« nicht zurückgefragt hat: »Worum handelt es sich?«

Oder ob es sich um einen Bischof handelte, der ob seiner merkwürdigen Einlassungen, die er in seiner Würde als Seelenhirte von Augsburg von sich gab und dessentwegen er schon länger als dümmstes Schaf seiner Herde galt, der dann wochenlang um die Tatsache herumlog, dass er als Ohrfeiger vom Dienst bei seinen Schülern gefürchtet war, es dann zugab ... wobei dieser Bischof, der bei Fernsehaufnahmen stets mit gefalteten Händen zu sehen war, die er aber anscheinend im Ernstfall schnell auseinanderkriegt, der von oben, von unten, von links und rechts bestürmt wurde, zurückzutreten und dann nach langem Zögern es auch tat.

In all diesen Fällen tritt dann jemand vor ein Mikrophon oder eine Kamera und salbt einen dieser nicht zu ertragenden Sätze: »Wir haben großen Respekt, es zeugt von hohem Anstand, und wir verneigen uns ...«, zum Kotzen ist es, und es zeugt von großer Geduld der Menschen in diesem Lande, dass sie sich diesen Schwachsinn immer wieder gefallen lassen.

Es gibt ein besseres Beispiel: Klappe halten, aussteigen aus dem Auto und ganz still zurücktreten. Aber das ist wohl für viele katholische Oberhirten zu lutherisch.

Luther beschäftigt die Herren der allgemein seligmachenden Urkirche immer noch heftig. Es geschah in Müllers Regensburg, als ein Reporter des Bayerischen Rundfunks bei dem Besuch des sechzehnten Benedetto nur volle Innenstadtgassen vorfand. Er musste dringend zum Studio, vor seinem Auto aber standen 400 Nonnen und wichen nicht. Da stieg er aus und schrie: »Es lebe Martin Luther!« Husch, waren sie alle weg.

Guttenberg hat viermal seinen Rücktritt angedeutet. Das war allerdings peinlich, weil das als Drohung gar nicht angekommen ist. Er hat verzweifelt einen passenden Platz gesucht, wo er sein Amt niederlegen könnte.

Bei Koch habe ich es eingesehen. Er muss irgendwann mal an seinen Eid gedacht haben, den er als Ministerpräsident geleistet hat, in dem er versprochen hat, Schaden vom Volk abzuwenden.

Bei Köhler habe ich gezweifelt. Er soll nicht mal die Kanzlerin angerufen haben. Er hätte ja warnen können: »Ängie, ich habe die Scheiße dicke. Jeder kann hier an mir rumnörgeln, diese Ungeheuerlichkeit, Kritik an einem Bundespräsidenten zu üben, der von der Verfassung heiliggesprochen ist, und ich kann nicht mal den Trittin dafür hinrichten lassen. Ich trete zurück, und zwar ... lass mich mal auf den Text kucken: ... mit sofortiger Wirkung.«

Der Mann ist undankbar. Die Merkel hat den Köhler schließlich erfunden. Den hat sie aus dem Telefonbuch rausge... nein, es war anders.

Weil es keiner werden wollte, hat man eine Kandidatenfindungsgeheimkommission erfunden, und zwar in der Privatwohnung von Westerwelle: Merkel, Westerwelle und Stoiber.

Aber nicht oben in der Westerwellenwohnung in Wilmersdorf, nein, in Westerwelles Fahrradschuppen. Ohne Licht. Und Stoiber musste den Dynamo drehen.

Die Merkel hat gesagt: »Ich sag jetzt mal das Alphabet auf, und einer von euch sagt Halt.« Und bei K hat der Stoiber Halt gerufen.

Sofort hat die Merkel gerufen: »Kohl.«

Aber Westerwelle hat gesagt: »Nein, da brauchen wir noch eine Steigerung.«

So war das. Und dann tritt der zurück. Und warum? Wegen einer Rede vor deutschen Soldaten in Afghanistan.

Da hat er ihnen gesagt, dass sie nicht nur den Hindukusch in Deutschland verteidigen, sondern eigentlich die Wirtschaftsstraßen. Diese Straßen gab's ja immer schon. Vor 1000 Jahren schon. Die Seidenstraße – die Gewürzstraße – die Weihrauchstraße über den Himalaya – Babylon – Bethlehem bis nach Kloster Ettal.

DER ÜBERFLIEGER

Es waren einmal bessere Verhältnisse. Aus denen kam ein junger Mann, von gutem Wuchs und flotter Zunge, mitten hinein in die bayerische Landespolitik.

Bevor er an eine Karriere denken konnte, machte er schon eine. Wohlerzogen, ferngelenkt von seinem dirigierenden fränkischen Vater, der in einem Schloss über seinen Gemarkungen ein strenges Regime führte, sah Prinz Karl-Theodor seine zukünftigen Untertanen an und siehe da, sie fielen ihm zu, bevor er mitteilen konnte, dass er der geborene Lenker und Leiter ist.

Als er dann seine Stimme erhoben hatte, brauchte es nur kurze Zeit, bis er Sekretär und kurz darauf Generalsekretär der christlich-sozialen Regierungselite wurde. Er hatte seine Visitenkarte noch nicht drucken lassen, da war er schon Minister. Vorerst noch im Freistaat Bayern. Er wollte seinem Vater zu Guttenberg den nächsten Sprung in seiner Karriere mitteilen, aber die Leitung war besetzt.

Aber als sie wieder frei war, hatte ihn schon der Ruf nach Berlin ereilt, wo man ihn dringend als Bundesminister für Wirtschaft brauchte. Da hielt er inne, um einen Gedanken zu fassen. Bevor er ihn fasste, wurde er zur Audienz befohlen, wo ihm eröffnet wurde, dass die Bundeskanzlerin alles schon in die Wege geleitet hatte, um ihn zu adoptieren. Als die Presse und 154 Photographen ihn durch die Tür kommen sahen, stürzten sie sich auf ihn und fragten, was er nun wieder geworden sei. Grade wollte er sagen: »Wirtschaftsminister« … da war er schon Verteidigungsminister.

Sein Vorgänger, Rudolf der Radler, war bei dem Versuch, die Kurve zu kriegen, bereits ausgetauscht worden gegen einen Mann namens Jung, der schon in Hessen aus der Kurve getragen worden war, weil er Schuld für seinen Vorgesetzten Koch übernommen hatte, um ihn an einem Ehrenwort zu hindern.

Nun hatten ihm zwei Kampfbomber ein neues Problem in Afghanistan beschert. Sie hatten eine Ansammlung von afghanischen Menschen vernichtet und behauptet, es hätte sich dabei um schwer bewaffnete Taliban gehandelt. Als die Opfer besichtigt wurden, waren es Zivilisten. Wer nun wem vorher falsch Bescheid gesagt hatte, war nicht zu klären. Der noch amtierende Jung sagte, er hätte zwar die Warnung bekommen … aber nicht gelesen, sondern der Bundeskanzlerin geschickt. Und die Kanzlerin hat sie wahrscheinlich auch nicht gelesen. Bevor man sich wundern konnte, trat Jung zurück.

Da schoss in einem Sturzflug der neue Minister Karl-Theodor wie aus heiterem Himmel auf die Szene. Sofort übersah er den Sachverhalt. Entließ einen General und einen Staatssekretär und entschwebte nach Berlin. Er hatte es eilig, weil er, sich langsam an das Tempo gewöhnt habend, annehmen konnte, dass er inzwischen Bundeskanzler geworden war.

Noch in der Luft, erfuhr er: Kommando zurück. Wieder in Afghanistan landen. Es war alles andersrum. Da hat der Minister alles andersrum gesehen und verließ den falschen Sachverhalt. Aber er hatte sich richtig durchgesetzt.

In Berlin angekommen war er nicht mehr befördert worden, sondern im Verdacht. Gutti hatte da einen kleinen Fehler zu verteidigen. Der war dadurch entstanden, dass er auch hier zu schnell gewesen ist. Gutti meinte damals, ich lasse mir eine

Visitenkarte drucken und drauf schreiben, nicht, was ich bin, sondern das, was ich werden will. Und so konnte jeder lesen: Dr. Karl-Theodor zu Guttenberg.

Und weil er es noch nicht war, beeilte er sich, es zu werden. Schnell, schnell hieß es da für seine Freunde und Mitarbeiter, die dann Tag und Nacht schrieben, während er gar keine Zeit hatte, um es zu lesen. Hätte er das getan, wäre ihm aufgefallen, dass es nicht von ihm war.

Da stand er nun im Rampenlicht als Fälscher und Schwindler und Betrüger, so sagte es jedenfalls sein Ministerpräsident Seehofer in Bayern.

Das Volk war empört, weil es glaubte, die Pressehyänen seien schuld daran, dass Gutti die ganze akademische Gilde im Lande schamrot gemacht hat.

Gutti aber stieg auf das Podium und sagte: »Hab ich nicht ich war immer und habe nie nicht dass ich wüsste.«

Eine Stunde später sagte er: »Ich habe, aber ich konnte nicht anders. Ich komme doch aus ganz kleinen Verhältnissen. Enge Wohnung, Frau und Kind und immer arbeiten und immer Hunger. Ungeheizt auf dem Fahrrad und immer Gegenwind.«

Nico Fried schrieb dazu in der *Süddeutschen Zeitung:* »Guttenberg klagt. Die Verbindung der politischen und der wissenschaftlichen Arbeit und die Pflichten eines Familienvaters haben ihn überlastet. Jetzt sieht offenbar mancher Abgeordnete vor seinem geistigen Auge, wie zwischen Wickeltisch und Kinderstühlchen der eine oder andere Quellennachweis im Windelsack verloren ging.«

Dies gelesen habend und augenblicklich Verständnis und Mitgefühl entwickelnd haben Tausende und Abertausende von Promovierten an die Zeit gedacht, als sie einerseits verzweifelt am Bleistift kauten, andererseits in Windeln wühlten, schlecht ernährt und unausgeschlafen in ihrer Sekundärliteratur blätterten und entschlossen fremde Texte klauten, und dann erschöpft vor ihrem Doktorvater saßen und auf die ernste Frage: »Können Sie bestätigen, dass diese Arbeit ganz allein von Ihnen geschrieben wurde?« mit »Ja« geantwortet haben.

Nur ein ganz kleiner Teil der Bevölkerung erlaubte sich, ihn zu erinnern, dass Guttenberg sieben Jahre lang seinen ihm vertrauenden Doktorvater, einen der besten Juristen im Lande, belogen hatte. Dass es gar nicht so sehr um den Titel ging, sondern um das getäuschte Vertrauen.

Die Bundeskanzlerin meinte, sie habe schließlich keinen wissenschaftlichen Assistenten eingestellt, sondern einen Verteidigungsminister. Wiewohl sie selbst einen Doktortitel erworben hat. Aus der Volksmitte kam, wie zu erwarten, der Ruf: »Scheiß auf den Doktor, wir wollen Gutti.«

Ministerpräsident Seehofer sagte, immer passend zur Volksmeinung: »Ein Minister stürzt nur, wenn es die Partei will, und die Partei will nicht.«

ZUM THEMA GEISTIGER DIEBSTAHL

Die ausstehende Untersuchung im Fall Guttenberg, mal sehen, wie lange sie noch aussteht, mal sehen, wie er sich dann fühlt, vielleicht wird er wegen guter Fühlung vorher bereits freigesprochen, vielleicht fühlt sich auch niemand zuständig. Vielleicht ist auch der Zustand gegenwärtig so besorgniserregend, dass der Beschuldigte nicht vernehmungsfähig ist. Nichts lässt sich vernehmen, dass da was vernommen werden soll oder jemand. Es sei denn, die Universität Bayreuth fühlt sich immer noch betrogen, was ihr zustünde.

Die Zustände an bayerischen Gerichten immer in Betracht ziehend, würde man möglicherweise auf eine Anfrage hin, wer denn eigentlich zuständig sein könnte, die Antwort bekommen, dass es auf keinen Fall ein Bayreuther Gericht ist, sondern, die Zugehörigkeit der Guttenbergs zum Fränkischen bedenkend, ein Gericht in Hof sein müsste.

Ein dortiger Staatsanwalt hatte schon, Tage nach dem Fall, versucht zu erklären, dass die Angelegenheit nach Berlin gehöre, weil ja Texte aus dem Wissenschaftsdienst des Bundestags eingeflossen sind. Dort aber wehrt man das empört ab, weil nur einige Sätze in die Arbeit übernommen wurden, die unzitiert aus dem Bundestag stammten.

Hof wiederum meint, es sei genau umgekehrt, es seien nur ein paar Sätze von Guttenberg in die Texte des wissenschaftlichen Dienstes geflossen. Mit anderen Worten: Das Ding wird Weile haben.

Mit Guttenbergs und ihren Schwierigkeiten mit der bürgerlichen Gesellschaft musste noch mal nachgedacht werden über die seit der Abdankung des letzten deutschen Kaisers immer noch bewegende Frage: Wie hat der Adel die schweren Zeiten überstanden? Die Nazis waren grob und hie und da lebensgefährlich, wenn Widerstand vermutet wurde.

Adlige, die SA- und SS-Uniformen anzogen, waren aber hoch willkommen. Förmlich jauchzend wurden die Prinzen und Fürsten empfangen. Warum? Weil die Nazis aufgewertet wurden. Das Volk war noch monarchiefreundlich. Und blieb es bis zum heutigen Tag. Die Journaille schleimt sich über BILD und rund 500 »Gesellschaftsjournale« in die Familienfeste des Hochadels. Und der posiert und spreizt sich höchst unadelig und gar nicht edel in jede Kamera, die irgendwo rot aufleuchtet.

Und die schreienden Hofschranzen schreiben den allerhöchsten Herrschaften nach dem Maul. Sie knien sich hinein, sie grätschen und graetern und spielen den Hofmarschall aus *Kabale und Liebe*, der nicht unabsichtlich Kalb heißt.

Sie grinsen alle und zahnen und prosten und kokettieren, poussieren und genieren sich nicht. Die Hohenzollernschen, die zu Wittgensteins und Salms und Solms und Sums und Sausenstein. Die Prinzessin Alexandra auf Schroffenfeld-Dinkeldey, Prinz Paffenfried, die Prinzessin, die jetzt einen Prinzen werfen wird, und die, die eine Keksfabrik geheiratet hat.

Bewundern wir dieses Blatt, das sich inzwischen zum regierungsamtlichen Verlautbarungsorgan entwickelt hat. Und jetzt muss ich doch einen oder zwei Sätze zum vorübergehenden Springer-Ministerium, also zum Verteidigungsmysterium, ablassen.

Wenn man immer nicht wusste, ob Merkel drin ist, wenn Merkel draufsteht, eins weiß man jetzt: Wo Guttenberg draufsteht, ist *BILD* drin. Seine Mammi, also Guttenbergs Body- and Soulguard, erhielt die schönste Schlagzeile zum spontanen Rücktritt ihres Buben vom *Berliner Kurier:* »Mutti ohne Gutti.«

Mutti hat ein bisschen die Spur verloren. Sie sagt in letzter Zeit öfter Sätze, die ihr zuzutrauen sind. Sie hätte doch über den Knaben sagen können: »Er kann doch nicht gestohlen haben, wenn er es gar nicht selbst …«, na ja, das vielleicht nicht. Aber dass sie ja gar keinen Wissenschaftler wollte, der das geistige Eigentum von anderen respektieren muss, sondern einen Minister, hätte sie so simpel nicht dahinreden sollen, weil sie damit in die Nähe zu dem *BILD*-Poeten Franz Josef Wagner gerät, der vox populi bedient hat: »Scheiß auf den Doktor – behaltet den Mann.« Jetzt kann man allen, die in aller Einfalt das für einen kleinen Hirnaussetzer von Gutti halten, sagen: »Wir haben ja alle schon mal abgeschrieben.«

Vielleicht hat der tolle Nachrichtenjongleur, der *Focus*-Markwort, schon einen losgeschickt, der meinen Abituraufsatz sucht, hat keinen Sinn, ist weg, wie die Doktorarbeit von Kohl. Ich glaube, bei dem wäre das deswegen peinlich, weil er sie selber geschrieben hat.

Irgendwann kommt Mitleid auf. Guttenbergs Abschiedsrede war voller Mitleid mit sich. Glänzend, wie er sich immer schneller zum Opfer entwickelte. Der CDU-Politiker Andreas Kasper aus Franken hat auch einen Schummeldoktor abgelegt. Er verlor sofort den Job und musste 9000 Euro Strafe zahlen. Tja.

Kasper hatte nicht die *BILD*-Zeitung im Rücken, Bosbach, Baring und die Kanzlerin und Frau von der Leyen nicht als Pflichtverteidiger. Das Volk hatte ihn nicht im Herzen, und er hatte das Recht und Gesetz nicht auf seiner Seite, sondern an der Backe. Er hatte das Pech, nicht Guttenberg zu sein. Es gibt in diesem Land nicht zweierlei Recht.

Aber schon das Recht, zweierlei Maßstäbe anzuwenden. Und vor allem: Seehofer hat dem Kasper nicht seinen Segen gegeben. Gutti hat ihn. So hat er es gemacht, der Seehofer, und gedacht hat er: Ministerpräsident wirst du nicht mehr.

UNTERSUCHUNGSAUSSCHÜSSE

Nach einem Untersuchungsausschuss weiß man gewöhnlich weniger als vorher. Berühmte Unters-Ausschüsse, zum Beispiel der Kieler U-Bootausschuss, der zwei U-Boote suchte, die nie wieder auftauchten, beweisen, dass zu Beginn einer Untersuchung die Beweise längst verschwunden sind.

Kann Guttenberg beweisen, dass er seine Erklärung, der

Kundus-Luftschlag sei notwendig gewesen, dem General Schneiderhan am Telefon vorgelesen hat? (»Unvermeidlichkeit«) Kann Schneiderhan beweisen, dass er das genau nicht getan hat? Gibt es ein zweites Gespräch, in dem Schneiderhan recht hat?

Kurz darauf erklärt Guttenberg im Bundestag, dass im Gegensatz zur ersten Meinung, der Luftschlag wäre »angemessen« gewesen, nun klar ist, dass er nicht angemessen war.

Neue Sicht sei das, sagt G. Er hätte Dokumente gelesen, von deren Existenz er erst durch *BILD* erfahren habe. (Feldjägerbericht) Die seien ihm unterschlagen worden.

Schneiderhan und der Staatssekretär sagen, was da im Feldjägerbericht gestanden hätte, hätten sie in ihren Bericht hineingenommen. Nun hat ein Gespräch mit General und Staatssekretär stattgefunden, und erst in diesem habe G. erfahren, was die Feldjäger berichteten. Wie es aussieht, wird G. diesen Ausschuss mühelos überstehen, ohne der Wahrheit zu nahe kommen zu müssen.

DAS NEUE SOLDATENSCHUTZGESETZ

Wegen des Mangels an militärwilligen Bundeswehreinsteigern sieht die Bundeswehrreform auch eine neue Freundlichkeitswelle zwischen Befehlsgebern und Befehlsnehmern vor. Es handelt sich ja bei der reformierten Armee nicht mehr um »Eingezogene«, sondern um Angezogene. Von der Möglichkeit, einen guten Job zu bekommen, angezogen.

Die neuesten Ergebnisse der neuen Armee sind verheerend. Obwohl sich darin das Wort Heer verbirgt, kann man im Sinne einer Verteidigungsbereitschaft davon nicht mehr reden. Im Gegenteil: Die Zahl der »Abbrecher« beträgt 30,4 Prozent.

Jeder Dritte legt das Gewehr weg und sagt: »Die Arbeitsbedingungen gefallen mir nicht.« Steht so ein Idiot vor der Front. Man sieht deutlich: Der ist noch dümmer als ich und schreit mich an: »Stillstann.« Wieso Stillstann. Kann der das nicht mal richtig artikulieren? Und dann will er, dass wir uns nach rechts rumdrehen, und brüllt: (Warum brüllt der so? Bin ich taub?), brüllt: »Rechtsuuu.« Das heißt um, du Depp! So redet man mit Affen.

Da haben die im Verteidigungsministerium … der Feldwebel sagt zum Beispiel immer Verteilungsministerium … der denkt, das heißt so … jetzt reagiert. Der Ton wird sich völlig verändern. Es wird ein freundlicher Rekruten-Coach vor der Front stehen und sagen: »Meine Herren, ich ersuche Sie in aller Freundschaft, ein wenig stillzustehen … Danke. Wir wollen nun in zwangloser Bewegungsordnung unseren Weg zum Kasernentor einschlagen. Ich schlage vor, sich nach rechts zu wenden und mir zu folgen.

Sollten Sie, meine Herren Rekruten, auf unserem Wege das musikalische Element vermissen, sind Sie berechtigt, Ihr Handy zu benutzen und die Ihnen genehme Melodie zu verwenden.

Moment, wir müssen einen Augenblick warten, weil, wie ich sehe, einige Herren ihr Gewehr in ihrem Apartment vergessen haben. Wenn Sie bitte rühren würden …«

Diese Reform wird, so hofft die Bundesregierung, die Zahl der Wehrdienstabbrecher um mehrere Prozent verringern. Man ist sicher: Das neue Soldatenschutzgesetz wird die Wehrfreudigkeit ungemein stärken. Was mich betrifft: Mit meiner Unterstützung können sie rechnen.

WO BAYERN HINSTEUERT

Dass brave Bayern brav ihre Steuern bezahlen, weiß jeder, der nicht so viel weiß wie die, die dort sitzen, wo die Bayern ihre Steuern hinsteuern. Im Finanzministerium.

Davon wüsste ein normaler bayerischer Bürger auch wenig, wenn es nicht diesen bemerkenswerten Fall gegeben hätte, dass ein hoher Beamter im Finanzministerium ein Buch schreiben konnte, in dem er die Steuergerechtigkeit in Bayern aus eigener Kenntnis heraus schilderte.

Das Buch: *Macht und Missbrauch* von Wilhelm Schlötterer hat in großen Teilen der Landesregierung und in CSU-Kreisen eine Reihe von ganz verschiedenen Reaktionen ausgelöst: Unglauben – Empörung – Entsetzen – Unsicherheit und Rachegefühle. Im Untertitel heißt es noch: *Ein Insider packt aus.*

Es wird in zunehmendem Maße ja ausgepackt. In Funk, Fernsehen, Internet, in Zeitungen und Büchern. Augenblicklich reagieren darauf ganze Rechtsanwaltsrudel und verordnen den etwaigen Betroffenen absolutes Schweigen. Nach und nach dringt dann das eine oder andere an Information durch oder tritt ans Tageslicht. Vermutlich ist nichts zu verbergen, weil in allen Institutionen, und besonders in den Bereichen der Polizei, Insider auf der Gehaltsliste von *BILD* stehen.

Prominente Verdächtige kontern gewöhnlich sofort mit mächtig viel Geld, also mit hohem Streitwert, um den, der auspackt, einzuschüchtern. »Wenn Sie die Behauptung aufrechterhalten, kann Sie das Haus und Hof kosten«, so hat mir mal ein Anwalt im Dienst der *Münchner Abendzeitung* gedroht.

Sehr oft gelingt das auch, und der, der angekündigt hat, auszupacken, kann gleich wieder einpacken.

Im Fall von amtierenden hochrangigen Politikern, die in eine nicht ganz saubere Sache verwickelt sind, kann es geschehen, dass sie dies und das »einräumen« und glauben, dass sie damit jeden Verdacht ausräumen.

Häufig regeln sie, weil sie fürchten müssen, dass da was ausgepackt wird, die Angelegenheit dadurch, dass sie Geschichten erfinden, die jeden Verdacht abräumen.

Aber wenn gar nichts mehr geht, wenn es so aussieht, als ob der Autor Schlötterer, zuständig für Steuerstrafrecht, Abgabenordnung und Steuerfahndung, Oberregierungsrat im Finanzministerium, wenn dieser Mann, dem man keine einzige Illoyalität nachweisen kann, und der sich dadurch schon bei Franz Josef Strauß verdächtig gemacht hat, und den aus gleichem Grund der hochverdächtige vorübergehende Finanzminister Gerold Tandler einfach rauswerfen wollte, ein Staatsdiener also, der sich unbeliebt macht, weil er die Steuerpflicht, ohne Rücksicht auf Prominenz, Patronage, Verwandtschaftsverhältnis, Beliebtheit oder sonstige Amigoverwurstelungen oder gar Rücksichten auf Mitglieder des gefürchteten »Franzensklubs« des Franz Josef Strauß, gleichberechtigt angewendet sehen wollte, und wenn dem dann, nach Lesen des Buches, nichts mehr entgegenzusetzen ist, dann setzt das allerletzte, aber immer wirksame Gegenmittel ein: einfach nicht zur Kenntnis nehmen.

Der aktuelle bayerische Ministerpräsident, so meinen Kenner der eingeweihten Kreise, die in solchen Fällen blitzschnell durch Ringschaltungen informiert sind, würde vermutlich dazu selbstverständlich mutig Stellung nehmen, so wie man Horst Seehofer kennt, und entscheiden: ignorieren.

Nähme man zur Kenntnis, was drin steht, müsste eine Reihe von lebenden Politikern des Landes sofort prozessieren. Und die Erben der nicht mehr am Leben Weilenden müssten die Ehre der Verstorbenen verteidigen. Die Betroffenen haben nichts dergleichen versucht.

Und um nur einige Fälle zu erwähnen: Wie kann man sich die jähe Flucht eines Mannes erklären, der am Tag darauf verhaftet werden sollte? Es handelte sich um den Bädermillionär Zwick, der dem bayerischen Staat 70 Millionen DM abgezwackt hatte.

War es ein Maulwurf im Ministerium, der ein paar Stunden vorher angerufen hatte? »Zwick, hau ab, sie sind dir draufgekommen?« Kurze Zeit später saß Herr Zwick inmitten der Millionen, die er der Steuer vorenthalten hat, in der Schweiz und feierte einen runden Geburtstag. Nach Bayern konnte er ja nicht einreisen, also lud er seine Freunde zu sich ein.

Es war eine fröhliche Party, hieß es. Inmitten der Zwicks saß Strauß. Neben ihm Gratulanten aus München, die nicht dabei gewesen sind. Edmund Stoiber kann sich an gar nichts mehr erinnern.

Es fehlt bis heute auch jegliche Erklärung für die Freisprechung von Franz Beckenbauer, dem man vorgeworfen hatte, zwei Millionen DM im Ausland versteckt zu haben. Es war ärgerlich, dass Schlötterer, der zuständige Beamte im Finanzministerium, geglaubt hatte, er müsse einfach nur seine Pflicht erfüllen und den Fall verfolgen.

Beckenbauers Finanzminister Herbert Schwan war darüber empört: »Ja, wo sind wir denn hier?« Beckenbauer hat, so meinte er, seine Schusskraft unterschätzt, hätte die zwei Millionen auf den Fiskus gezielt, aber knapp an dem Fiskus vorbei und direkt in die Schweiz geschossen. So ist eben Fußball!

Klar, dass er es so nicht formuliert hat. Musste er auch gar nicht, denn in den Zeitungen konnte man lange vorher schon lesen, wie es wirklich gewesen war.

Nach einem FC-Bayern-Spiel, bei dem Beckenbauer vermutlich der Held des Tages war, hatte der Finanzminister Ludwig Huber dem Franz freundschaftlich die Hand auf die

Schulter gelegt und gesagt: »Franz, wenn du mal Schwierigkeiten hast, musst du es nur sagen.«

Ja, wo sind wir denn hier? In Bayern. Und das ist in jeder Beziehung ein Freistaat. Lustig ist auch ein Satz von Beckenbauernführer Schwan, an den sich der Autor des Buches *Macht und Missbrauch* erinnert.

Schwan war, als sich herausstellte, dass es im Ministerium jemanden gibt, der die Gesetze anwenden will, ungehalten in das Ministerium geeilt und soll, bevor er sein Anliegen vorbrachte, gesagt haben: »Man kennt ja hier unsere politische Gesinnung.«

Dass es neben diesem Fall auch noch schlimmere gegeben hat, ist anzunehmen. So schreibt Schlötterer. Auch die Minister Tandler, Streibl, Waldenfels und die in hohem Maße verdächtigen Begünstigten Jahn (der mit den Brathühnern), Hurler (der mit dem Kaufhaus), März (die Gebrüder mit der Fleischfirma in Rosenheim) gehören zu den von der Steuermoral nicht erreichten Günstlingen. Von Gegenleistungen der erwähnten bayerischen Ehrenlegion ist natürlich nicht die Rede. Denn dafür hätten ja wieder Steuern hinterlegt werden müssen im Finanzministerium, und da war ja keiner, der sie nehmen durfte.

Natürlich hatte es auch schon einmal eine kritische Situation gegeben. Plötzlich stand der Bayerische Rechnungshof in der Staatskanzlei und stellte an den Ministerpräsidenten Strauß unangenehme Fragen.

Auf die Frage: »Was tun?« hatte Strauß sofort die richtige Antwort: Er hat den Rechnungshof rausgeworfen. Und soll den Herren (damals nur Herren) nachgerufen haben: »Und dass mir keine Klagen kommen!«

Es kamen keine. Lesen Sie Schlötterer, aber fragen Sie nicht hinterher: »Ja, wo samma denn?« Das sollten wir doch inzwischen wissen.

NATÜRLICH SIND DIE BANKEN
AN ALLEM SCHULD

Noch nie waren Banker so wenig beliebt wie in den letzten Jahren. Es scheint sie aber nicht wirklich getroffen zu haben.

Viele haben, bis auf die Deutsche Bank, staatliche Hilfe angenommen. Also Steuergeld. Also wir haben den Bankern aus dem Loch geholfen, in das sie sich hineindilettiert haben. Sie verspielen unser Geld, und wir werden durch die Politiker dazu verurteilt, es zu ersetzen. Das ist Wegelagerei. Aber so sind Banken auch entstanden.

Es gab einmal eine Zeit, ein paar hunderttausend Jahre ist es her, da erfanden die Menschen den Ackerbau. Das war schwere Arbeit. Immer in gebückter Haltung, mit den Händen steckten sie Rüben rein oder streuten Getreidesamen, pflanzten Obstbäume.

Heute fährt der Bauer mit einer Riesenmaschine zur Ernte, vorne schneidet die Maschine das Korn, in der Mitte rauschen die Körner rein, und hinten kommt schon das Brot raus.

Eines Tages standen Räuber da und raubten die Bauern aus. Nachdem das ein paar Mal passiert war, suchten sie ein paar starke Männer aus, gaben ihnen Knüppel in die Hand, und die Männer jagten die Räuber in die Flucht. So ist das Militär entstanden.

Die Räuber aber stürmten weiter das Dorf und raubten die Häuser aus. Bis einer eine großartige Idee hatte: Wir bauen ein großes Haus im Dorf, stapeln dort unser Hab und Gut, und die Soldaten schützen es. So entstand die erste Bank.

Dann aber lernten die Räuber die Banklehre, und so sitzen heute die Räuber in den Banken, und wir sind draußen. Aber wir kommen wieder raus aus der Krise. Ich vertraue meiner Kanzlerin. Sie sah mir mitten ins Gesicht, von der Mattschei-

be runter, und versprach, wenn wir Geld verloren haben: Wir kriegen es wieder. Vielleicht nicht den ganzen Betrug ... Betrag, aber vielleicht ein Zehntel.

Sie hat das so treuherzig gesagt, und ich dachte mir: Können diese Augen lügen?

ALTER IST ALTERNATIVLOS

Das Altern ist privatisiert. Wer alt ist, befindet sich auf dem freien Markt. Wer Geld hat, überlebt den Tod besser. Auf Altenmessen ist das erkennbar.

Treppensteigen? Kein Problem mehr. Ab ein paar tausend Euro hilft ein Super-Treppenlift. Rollstühle wecken in ihrer Pracht sogar Menschen, die ihn gar nicht brauchen. Von null auf hundert in neuer Bestzeit!

Engpässe gibt es vielleicht noch auf dem Helfer-Markt. In ein paar Jahrzehnten wird es auch da Abhilfe geben. Vielleicht wird man sich dem Arbeitsmarkt angleichen. Pflegeragenturen regeln dann die Verträge, vermitteln Hilfskräfte aus Billiglohnländern. Es gibt bereits Kataloge, die ohne viel Aufhebens derlei regeln.

Die alten Sklavenmärkte funktionieren zwar immer noch, aber auf einem technisch höheren Niveau. Wer es sich leisten kann, in Würde alt zu werden, ist längst nicht mehr auf den Staat angewiesen.

Die Politik wiederum ist auf den guten Willen der privaten Heimanbieter angewiesen. Hat die Politik überhaupt noch Chancen? Wird immer öfter gefragt. Wird immer öfter nicht beantwortet.

»Schreiben Sie Ihrem Abgeordneten«, habe ich gelesen.

Habe ich gemacht. Am Wochenende. Am Sonnabend war der Brief fertig. Zum Briefkasten. Dort war zu lesen:

»Leerung am Montag um 17 Uhr.«

In Zukunft wahrscheinlich nur noch zweimal in der Woche. Dann in jeder zweiten Woche. Beschweren nützt nichts. Die Post ist inzwischen eine Firma. Die, die dort das Publikum bedienen, reagieren auf Kritik patzig.

»Warum schicken Sie nicht eine Mail?«

Alte Leute sagen dann: »Kann ich nicht.«

Antwort: »Ist nicht unser Problem.«

Letzter Versuch: »Entschuldigung, ich möchte …«

»Der Nächste bitte.«

Zweiter Versuch: Der misslingt, weil der Briefkasten inzwischen abgehängt wurde. Der nächste hängt zwei Kilometer weiter.

Man wird überhaupt das Einsammeln von Briefen einstellen müssen. Der nächste Schritt? In jedem Stadtviertel wird ein Briefabwurf-Center sein, das alle zwei Wochen einmal geleert wird. Nötigenfalls, rät die Post AG dazu, sollte man die Briefe, wenn sie denn unbedingt geschrieben werden müssen, persönlich zum Adressaten bringen.

Ältere Menschen reisen nicht mehr gern. Das liegt an der Tatsache, dass sich die gute alte staatliche Bundesbahn in eine halbprivate AG verwandelt hat. Die AG zerfällt wiederum in mehrere Einzelteile.

Die Firma, die für die Bahnhöfe zuständig ist, hat nichts zu tun mit jener, die das Schienennetz verwaltet, während ganz woanders eine andere die alleinige Kompetenz in Zügen behauptet, die aber wiederum unterschachtelt sind in Anhänger und Zugmaschinen, wobei in Bezug auf das Schienennetz zu vermuten ist, dass der nächste Schritt eine scharfe Unterteilung in linke und rechte Schienen sein könnte.

Was die Bahnhöfe betrifft, so sind die meisten im Lande längst von menschlichem Personal befreit. Schalterbeamte sind nicht mehr nötig, weil es keine Schalter mehr gibt, und Menschen, die Auskünfte geben könnten, sind durch Automaten ersetzt.

Alte haben damit Schwierigkeiten. Je größer die Sehschwierigkeit wird, desto kleiner wird die Schrift. Und das geschieht in nahezu allen Bereichen. Die Mitteilungen diverser Ämter und Behörden sind unleserlich.

Die Warnungen der Pharmaindustrie vor den Nebenwirkungen bei der Einnahme von Tabletten sind nur noch mit der Lupe zu lesen. Gut für die Lupen-Industrie, schlecht für die Augen. Auch wieder gut für die Optiker, schlecht für die Menschen, die immer noch lesen wollen.

Beschweren? Wo denn? Bei wem denn? Telephonieren? Mit wem? Mit Menschen? Da antworten keine. Stimmen hört man, die darauf hinweisen, dass Menschen im Moment nicht abkömmlich sind. Es ist eine unverschämte Lüge. Zwischen den automatischen Abwimmeltexten unerträgliche Musik, die keiner bestellt hat. Es ist der pure Musik-Terror. Noch dreister sind Abwimmeldienste, die Werbung einschieben. Zwischen die Musik geschobene Anpreisung von Zäpfchen gegen Bluthochdruck.

Dann wieder: »Wir sind im Moment leider ...«

Und wieder Musikterror. Werbung. Warten. Stürbe ich vor Zorn, fände man meine zornigen Überreste.

Meinen Heimgang stelle ich mir anders vor. Das Wort heimgehen hat eine neue, unangenehme Bedeutung bekommen. Ins Heim gehen. Nicht zu Gott. Es ist nicht der Geist Gottes, der in Heimen herrscht.

Hier herrscht der Pflegenotstand. Immer beklagt, nie behoben. Es ist wie auf dem Bahnhof. Kein Mensch mehr. Wenn um 17 Uhr die Brüsseler Dämmerbirnen auch noch verlöschen, ist man zu Bett gegangen worden. Alte Redensarten kommen in den Sinn: » Er ist ans Bett gefesselt. « Das ist hier bereits Freiheitsberaubung. Es gibt nichts mehr zu trinken, weil man sonst auf die Toilette muss.

Es ist kein Leben mehr, es sind Zustände. Aber keiner weiß was. Aber das kann nicht sein. Um den Bettlägrigen herum wimmelt es von Fußpflegern, Friseuren, Masseuren, Ärzten, Heimleitern, Seniorenbeiräten, Letzte-Ölungs-Beauftragten, Reinträgern, Rausträgern.

Alle schweigen. Alle halten dicht. Alle wissen Bescheid. Keiner sagt was.

Wenn im Zoo ein Pinguin kränkelt, ist sofort der Teufel los und der Tierarzt da.

Altern ist alternativlos. Würde bleibt ein Konjunktiv. Und das ist so sicher wie das O. K. in der Kirche.

ÜBER DAS STERBEN UND DIE FOLGEN FÜR DIE FOLGENDEN

Es ist wahr, dass man immer früher nicht mehr jung ist. Wer mit knapp über 40 entlassen wird, kann mit Sicherheit behaupten, dass er wegen seines Alters keinen Job mehr bekommen wird.

Weil sehr vielen Menschen dadurch klar wird, dass sie sehr jung schon Alte sind, muss ihnen die Gewissheit ein Trost sein, dass sie, von den Erfolgen der Medizin getragen, immer länger alt sind. Das heißt, die zweite Halbzeit des Lebens ist länger als die erste. 40 Jahre jung, 50 alt.

Es ist nicht nur die Greisenmedizin, die uns Alte länger leben lässt, es ist mehr noch die Sorge um unsere Nachkommen. Sterben macht nur Ärger.

Die Kinder müssen dauernd schriftlich und kostenpflichtig nachweisen, dass wir tot sind. In vielen Fällen glauben die Ämter nicht, was die Nachkommen behaupten. Die brauchen unentwegt für jeden Anlass Totenscheine, Erbscheine, Erbscheinübertragungsentgegennahmebestätigungen.

Zum Beispiel (amtliche Mitteilung eines Nachlassabteilungsleiters im Amtsgericht über eine am 9. Mai 1985 Verstorbene) Gegenstand des Kostensatzes: »Entgegennahme der Erbteilsübertragung, § 112 KostO.

Zu zahlender Betrag: 44.25 DM.«

Es kostet also 44.25 Mark, wenn man dem Gericht etwas gibt.

Als Nachkomme hat man das Gefühl, dass der Tote immer teurer wird. Und je öfter die Ämter die Bestätigung des Gestorbenseins einfordern, umso schneller schmilzt das, was der Erblasser hinterlässt. Ganz zu schweigen von der Tatsache, dass seine Grabstätte teuer bezahlt werden muss.

Warum also wird immer zögernder gestorben? Weil es sich nicht lohnt für die Kinder. Warum noch niemand auf die Idee gekommen ist, eine Überlebenssteuer einzuführen für Menschen über 70, kann nur daran liegen, dass die vorübergehend überalterten Politiker diesen guten Einfall hintertrieben haben. Die Idee ist gestorben.

DER MENSCH ALS ERNEUERBARE ENERGIE

Ich bin, was meinen Nachruhm betrifft, nach dem Wegsein dann vermutlich »erneuerbare Energie«. Also gasförmig schwebend und wiederverwendungsfähig.

Man will die Friedhöfe daraufhin untersuchen, ob da was zu holen ist. Man müsste dann allerdings, und das wäre ja ganz im Interesse der katholischen Kirche, die Feuerbestattungen verbieten. Es wäre eine Möglichkeit, weiterhin der Menschheit dienlich zu sein.

Die Bauern haben da schon einen entscheidenden Schritt nach vorn gemacht. Sie haben die Kühe abgeschafft, die ohnehin schädliches Methan in die Luft scheißen und Milch geben, die nichts mehr wert ist. Die Kinder müssten nicht mehr über dieses Tier unterrichtet werden.

Die Kuhhaut, auf die alles geht, geht auch nicht mehr.

Hörner abstoßen: Nur noch möglich über die Ziege. Wie lange die noch als Nutztier geht, weiß man nicht.

Die Berufsbezeichnung »Landwirt« wackelt auch schon.

Nachdem der »Bauer«, der Anbauer, der was anbaut, nur noch »Energiepflanzen« anbaut, also Mais, Grünzeug, Luzerne, und sie dann in Faulbehälter steckt, wo sie faulen, bis es Gas gibt, und das Gas wird dann in Pipelines gelenkt, und das Gas bringt mehr Geld als Milch, Weizen, Roggen oder Kartoffeln, dann wird eines sicher passieren: Die Landwirte werden sich ihren Acker wiederholen, den sie für billiges Geld an die Golfklubs verpachtet haben.

Interessante Karriere. Erst Ackerbau und Viehzucht, also Landwirt, dann Nitrophoskabauer, also Giftwirt, dann Bauernhausbewohner ohne Acker, also Hauswirt oder Gastwirt. Und jetzt Gaswirt.

GRUPPENDYNAMIK

Ich muss eine Gruppe finden, die mit mir gemeinsam eine Ich-Finde erarbeitet. Ununterbrochen soll ich meine Befindlichkeit mitteilen. Der Gruppe. Ununterbrochen soll ich beichten. Ich langweile mich dabei.

Sigmund Freud, der Erfinder der Liegebeichte, soll ja öfter eingeschlafen sein. Und dann haben beide geschlafen.

Jedes Mal, wenn ich der Gruppe was mitteilen soll, frage ich mich, was denke ich mir aus, damit die Gruppe sich nicht langweilt.

Martin Luther hat einmal sechs Stunden gebeichtet! Todsünden. Sechs Stunden. Damals war er noch katholisch. Mönch in Erfurt im Kloster. Was soll denn da gewesen sein? Da wusste noch keiner, was später alles möglich war.

Was soll ich denn der Gruppe erzählen? Manchmal fällt mir einfach nichts Ekliges ein. Aber kaum stößt man mal so was an, schon kommt eine weibliche neugierige Nase aus der Gruppe und fragt: »Warum reden Männer nicht ganz offen über ihre Prostata?«

Und mir rutscht raus: »Weil ich gar keine mehr habe.«

»Ach«, süffisantelt sie, »und wo liegt das Problem?«

Und da würde ich dann am liebsten sagen: »Da unten im Süden, du dumme Kuh. Das ist das Thema Inkontinenz, und das erlaube ich mir in Gruppengesprächen zu umschiffen.«

Auch nicht das passende Wort. Zugegeben. Ich bin einfach für die neue Verschwiegenheit.

Alles grinst und regt sich auf, wenn einer mit offener Hose rumläuft. Mit offener Klappe ist viel schlimmer!

In die Pause hinein sagt einer aus der Gruppe dann bedeutend: »Ich fühle seit dem Frühstück so eine tiefe Leere in mir.«

Und dann erzählt er zum fünften Mal sein Leben. Man ist bewegt und teilt das der Gruppe auch ununterbrochen mit.

Mitleid überkommt mich meistens bei den Burn-outs. Das ist eine Krankheit mit hoher Ansteckungsgefahr.

In der *Göppinger Zeitung* habe ich dazu heute gelesen: Neben dem Burn-out gibt es noch den Bore-out – Boring.

Langeweile. Burn-out, so heißt es, ist die Krankheit der Leistungsträger – Bore-out haben die, die weniger leisten.

Wer burnt die Burn-outs out? Die Leistungsgesellschaft. Die Hochleistungsgesellschaft. Feuer unter den Hintern muss er kriegen, der Azuburn, und wenn der nicht mehr glüht, sondern bloß noch kokelt, dann burnt er out. Und dann schickt man ihn in die Wiederaufarbeitungsanlagen. In die Antidepressionsindustrie. Nach zwei Monaten geht's weiter.

Die Bayern haben dafür einen passenden Witz: Ein Erholungssuchender geht im Wald spazieren. Ein wilder Eber bricht aus dem Busch, und der Spaziergänger flieht erschrocken. Der Eber verfolgt ihn. Der Mann flieht. Der Eber hinterher. Nach einer Stunde kann der Fliehende nicht mehr. Ganz gleich, was jetzt passiert, denkt er mal und setzt sich auf einen Baumstumpf. Der Eber setzt sich vor ihm hin und schaut ihn an. Und nach zehn Minuten sagt der Eber: »Pack mas wieder?«

Früher kannte man den Ausdruck Burn-out gar nicht. Den Eber schon. Dann ging man ins Wasser oder ins Ausland. Und wenn man sich's leisten konnte, hat man sich erschossen. Selbsthilfe bei Lebensüberdruss ist verboten. Auf Selbstwas stand im Dritten Reich die Todesstrafe.

Heute muss man in eine Gruppe und sucht das Glück. Gemeinsam. In der Gruppe! Und die finden sie überall. Eine schwindelerregende Goldgräberindustrie.

Im BR habe ich einen ernstgemeinten Vortrag von einem Universitätsprofessor gehört, der sich als Glücksforscher bezeichnet. Der Glü-Fo, der Glücksforscher, hat natürlich für das Einfangen des Glücks zur Gruppe geraten. Und zwar zunächst zur Lach-Gruppe. Eine Unterabteilung der Glü-Fo ist die La-Fo, die Lachforschung.

Die La-Fo hat auch einen Sendeplatz im Bayerischen Rundfunk. Man übertrug einen Arbeitsausflug einer Lachgruppe. Die Sendung hieß, glaube ich: »Lach ins Grüne«. Die Teilnehmer wurden aufgefordert zu lachen. Einfach so. Ohne Anlass.

Der Lachgruppenführer, quasi der Vorlacher, sagte wörtlich: »Versuchen Sie jetzt, ohne Grund einfach zu lachen.«

Und sie haben es getan! Also der massive Versuch der Verblödung mit öffentlich-rechtlichen Mitteln.

Die Methode heißt Lach-Yoga. Dafür gibt es Literatur. Richtige Bücher, in denen erklärt wird, wie man grundlos lacht. Der Autor heißt: Christoph Emmelmann. Und er verbreitet seine Lehre, erschwerenderweise auch noch in Versen. Hier ein Emmelmann:

> »Wer lachen kann, der hat es gut,
> ihn schützt stets ein Sonnenhut.«

Ein Original-Emmelmann.

> »Wer dauernd lacht auch ohne Grund,
> der ist bekloppt und bleibt gesund.«

Der ist von mir.

Der Autor vermutet, dass es Lach-Laien gibt, denen das schwerfällt. Er schlägt Hilfestellungen vor. Zum Beispiel:

Zitat: »Sie nehmen morgens beim Duschen ihren Brausekopf und fragen ihn: ›Ja, wie heißt du denn, du Brausekopf?‹«

Und dann geben Sie dem Brausekopf einen Namen. Annemarie oder Felix.

Und dann sagen Sie: »Lass Wasser, Annemarie.«

Oder: »Tu Felix Brausekopf: Dusche!«

Schon fällt das Lachen leichter. Das liegt alles gedruckt und bebildert vor. Bisschen anders formuliert, aber genauso.

Nach Emmelmann soll der Lachschüler zu Hause fünf Übungen machen. Die ho-ho-ha-ha-ha-Übung. Dabei klatschen wir in die Hände und jubeln: Hohohahaha! Das soll man auch mitten auf der Straße machen. Dabei die Arme hochwerfen und herzlich lachen. Grundlos! Übergangslos – mitten in der S-Bahn – grundlos das rechte Bein in die Höhe werfen und energisch »Ja« schreien. Und dann noch die Hihihohohahaha-Übung und Bein hoch und Jaaa! Und Arme hoch und Hahaha. Überall. Im Büro, auf Partys, abgeraten wird bei Beerdigungen.

Und weiter heißt es: Nach zwei, drei Stufen schleicht sich ein Glücksgefühl ein. Ich mache das auch. Bei uns im Garten. Reihenhaus. Meine Nachbarn fremdeln seitdem etwas.

Ich wurde misstrauisch und bin zum Fachmann gegangen.

Ein echter Professor an der Uni hat mir dann gesagt: »Wenn wir das brauchen – sind wir alle reif für die Therapie.«

Es handelt sich um affektive Störungen, und die Psychiater nennen es einen läppischen Effekt. Und das dreimalige Wiederholen des Hahaha ist Echolalie.

Stoiber ist ein Echolalier. Der sagt alles dreimal hintereinander-hintereinander-hintereinander …

Ludwig Thoma hat behauptet, dass die Dachauer Bauern die Schlusspointe von Witzen immer dreimal hintereinander sagen, weil's dann der depperte Preiß vielleicht einmal versteht. Zum Beispiel:

Zwei Bayern sitzen auf einem Ast und sägen. Kommt ein

Mann vorbei und sagt: »Sie sägen an dem Ast, auf dem Sie sitzen.«

»Nein,« sagt der eine Bayer, »wir sitzen auf dem Ast, an dem wir sägen.«

»Wenn Sie weiter sägen, fallen Sie runter«, sagt der Preiß.

Sagt der andere Bayer: »Ja mei.«

Der Mann geht weiter. In dem Moment fallen die beiden Bayern runter. Bald darauf kommt der Preiß zurück.

Sagt der Bayer zum Bayern: »Do kimmt er wieder, der Wahrsager.«

Kirche und Glauben

DER CHRISTLICHE GLÄUBIGE
IST EINE EINFACHE PERSON

Es war nur eine Frage von Stunden, bis nach der Entdeckung des katholischen Millionenlochs von Limburg sich sein Verteidiger meldete. Und wer konnte das sein? Natürlich der gescheiterte ehemalige Bischof von Regensburg, Müller, der seine Herde nicht zusammenhielt, sondern auseinanderjagte. Zur Belohnung hat ihn der frühere Ratzinger nach Rom geholt, und zwar genau auf seinen früheren Stuhl. Als Chef der mächtigen Glaubenskongregation.

Die Dreistigkeit, mit der dieser Kirchenmüller die Dummheit seiner Herde voraussetzt, ist ein Gradmesser für die Ahnungslosigkeit, mit der der Vatikan das Vertrauen, das er noch genießt, einschätzt. Und es wimmelt von Müllers.

Derselbe hat einmal öffentlich behauptet: Der Kampf der Medien gegen seine Kirche erinnere ihn an die schlimmsten Zeiten bei den Nazis.

Der Mann holt raus, was drin ist bei ihm. Also wenn der Papst schon zurückgetreten ist, warum hat er den Müller nicht mitgenommen?

Auf der anderen Seite: Wenn ganz Kluge feststellen, dass der jetzt herausgekommene Prunk und Protz und die Selbstverständlichkeit, mit der das Geld der Leute ausgegeben wird, die aus Angst ihre Vermögen und ihre Immobilien der Kirche vererben, weil sie dann vielleicht nicht gebraten werden in der Hölle … dass das an vorlutherische Zeiten erinnere und die Kirche kurz vor einer Wende stehe, an der Spitze … also nee.

Wenn heute einer Thesen an irgendeine Kirchentür klopfen würde, welche Zeitung würde das noch interessieren, welcher TV-Sender würde da ein Kamerateam hinschicken? Der neue sympathische Papst Franziskus? Würde das gar nicht erfahren. Das hätte Ratzinger schon weggemüllert.

Genau wie Benedikt als Ratzinger am 31.12.1979 bei der Verkündung des Entzugs der Missio canonica gegen Hans Küng verküngst hat: »Der christliche Gläubige ist eine einfache Person, Aufgabe der Bischöfe ist es deshalb, den Glauben dieser kleinen Leute vor dem Einfluss von Intellektuellen zu bewahren.«

WELCHER GOTT IST DAS DENN?

Gott ist ein Dogma. Und Dogma, ist nachzublättern, auch zu ergoogeln, ist: »Behauptung – Lehrmeinung, die ungeprüft hingenommen wird beziehungsweise werden muss.«

Der Papst ist unfehlbar. Was er sagt, wird ungeprüft hingenommen. Als verbindlicher Lehr- oder Glaubenssatz. Was bedeutet aber »Dogmatik«?

»Wissenschaftliches Lehrgebäude.« Die Wissenschaft, die ungeprüft …? Kann nicht sein.

Wenn eine Frau vergewaltigt wird, sagt der Herr Lohmann, der sich in den Talkshows tummelt als ungnädiger, hochmütiger Chef eines katholischen TV-Senders, der die Underdogmatiker als Dummköpfe behandelt, wenn seiner ungeprüften Unfehlbarkeit zufolge also eine vergewaltigte Frau schwanger wird, darf sie nicht abtreiben. Das will Gott so, sagt der Dogmatiker.

Er kennt seinen Gott. Wo alle den Kopf schütteln, nickt sein

Gott. Der einer unfehlbaren Wissenschaft zufolge, die nicht überprüft werden darf, auch Judas für den Verrat ausersehen hat. Dann ist niemand für nichts verantwortlich? Dann ist Gott auch einverstanden mit dem Inhalt dieser von Menschen geprüften Lehre? Und für alle Kriege dieser Welt verantwortlich? Und für den Holocaust?

Spätestens hier müssten doch viele Anhänger dieser Religion stutzen und verlangen, dass ungeprüfte Glaubenssätze irgendwann mal geprüft werden müssten. Oder gibt es Vertreter dieser katholischen Kirche, die wie Lohmann als Dogma herumlaufen? Das kann Gott nicht gewollt haben.

ROM UND DIE WAHRHEIT

Nicht jeder ist ein Christ, der Gutes tut,
Nicht jeder, der beschnitten ist, ist auch ein Jud,
Nicht alles, was sich reimt, ist ein Gedicht,
Nicht alles, was zwei Backen hat, ist ein Gesicht.

Wenn früher Eltern ihre Kinder vor den Gefahren des irdischen Lebens schützen wollten, haben sie sie ins Kloster geschickt. Heute kommen Schreckensmeldungen aus dem Kloster Ettal.

Man denkt an den Erlkönig: Mein Pater, mein Pater, jetzt fasst er mich an.

So schnell kann der gute Ruf eines christlichen Pädagogen … ich will das nicht näher ausführen. Und geprügelt haben sie wie vor 200 Jahren! Wer konnte ahnen, dass aus einem ehrenwerten katholischen Zölibateur ein Prügelperverser wird?

Jetzt verdichtet sich auch noch der Verdacht, dass die Erzbischöfe das meistens wussten. Kann ja nicht anders sein. Der Täter konnte nie gefunden werden, weil das Ordinariat ihn immer vorher versetzt hat. Und wo er dann hinkam, wurde er wieder als Jugendpfleger eingesetzt.

Früher musste man sich als Übeltäter in die Ecke stellen. Heute muss man mit dem Pater unter die Dusche. Wie Domspatzen. Und heute weiß man auch, dass das Wort sexueller Missbrauch in Klöstern und Internaten gar nicht zutrifft. Es ist Brauch.

Wie heilsam, dass die Mächtigen dieser Kirche gar nichts gewusst haben. Er hat auch nicht gewusst, der Papst, dass die Piusbrüder, die er wieder in den Schoß der Kirche ... das Wort wird man vielleicht auch auswechseln müssen ... die er begnadigen wollte, er hat nicht gewusst, dass unter diesen komischen Brüdern sich Holocaustlügner verstecken. Hat er nicht gewusst, der Benedikt sechzehn.

Wenn ein Dorfpfarrer in Umpfenbrode nur denkt, dass dieser Zölibat noch mal überdacht werden sollte, weiß es der Vatikan. Zwei Stunden später ist der Pfarrer wie ausgewechselt.

Das aber hat er nicht gewusst, der Papst, der Stellvertreter. Na ja, vielleicht hat es sein Chef auch nicht gewusst? Weiß der Teufel.

Können Sie sich noch erinnern an den Skandal, als ein Schwuler Bischof werden sollte? In Amerika. Da war Ratzinger noch der vatikanische Fraktionsvorsitzende der Fundamentalisten. Er war empört und sagte, dass Homosexualität wie eine Krankheit angesehen werden muss.

Mensch Ratzinger, hat man gedacht, Schwulsein war schon bei den alten Griechen normal. Da gab's die katholische Kirche noch gar nicht! Die griechische Hochkultur gab's schon seit Perikles, 350 Jahre vor Jesus.

Das würden wir alle wissen, wenn wir nicht unsere Kenntnis über diese Zeit immer nur aus Hollywoodschinken beziehen würden ... Troja!

Natürlich ist das imponierend, wenn da Zigzigtausende Griechen vor den Toren Trojas, am Strand in Zelten ... zehn Jahre lang gelegen haben ... was sollten denn die armen Kerle da machen? Sogar dem Halbgott war es fad ... ein toller Typ, der Dings ... der ... Brad Pitt.

Die Historiker sagen: Der Anteilsatz an homosexuellen Männern im Mittelmeerraum ging an die 50 Prozent. Wenn man das auf die zwölf Apostel überträgt ...

Von Seneca über Petronius und Sallust haben alle schon locker darüber geschrieben. Aber das Gescheiteste kam von dem österreichischen Präsidenten von Kalifornien. Von Mr Schwarzenegger. Der sagte: »Ich bin gegen Schwulenehen. Wenn solche geschlossen werden, dann zwischen Mann und Frau.«

Der Mann ist ein Gouverneur! So was wie ein Ministerpräsident. Wie ein »Wowereit«.

DIE PRIVILEGIERTE PARTNERSCHAFT

Im Strudel der Ereignisse ist unser Ökumenischer Kirchentag völlig versickert. Immerhin ein Ansatz, zwischen den beiden großen Kirchen so was wie eine Annäherung zu schaffen. Ökumene. Klingt gut. Heißt ja auch: die gesamte Christenheit betreffend.

Dass der nun grade in Bayern stattfand, war vielleicht nicht so glücklich. Da wird ökumenisch anders übersetzt: Ökumene? Des san de Flüchtlinge.

Oder in Hochdeutsch: Wir sind allenfalls zu einer Begnadigung der Abweichler bereit.

Dass die Berliner Regierung in der Hand der Evangelen ist, bezeichnet die CSU vermutlich als Interregnum. Und es war auch typisch, dass die evangelische Kanzlerin in der Karwoche in die Türkei gefahren ist. Das ist nicht geschmackssicher. Dabei ist gar nicht mal sicher, ob alle noch wissen, was das ist, die Karwoche. Es könnte sein, dass jemand auf die Frage, ob er weiß, was Golgatha bedeutet, sagt, dass er das für eine Zahnpasta hält.

Oberammergau lief auch nicht mehr so gut. Die Amis kommen nicht mehr. Sie haben gehört, dass der Text von den Passionsspielen umgeschrieben wurde. So richtig antisemitisch wie früher ist es nicht mehr. Jesus wird als Jude gespielt. Ob das nun historisch richtig ist, ist doch wurscht. Kann ruhig falsch sein, aber richtig katholisch muss es sein. Trotzdem, in der Karwoche fährt man nicht zu den Türken.

Aber sie musste. Weil eine Woche zuvor, ohne Bescheid zu sagen, der Westerwelle dort war. Und er hat den Türken verkündet: »Sehet her, ich bin erschienen – Ex Oriente Lux – zu Deutsch: Guido ist da! Und holt euch in die EU.«

Und um das schnell wieder zu reparieren, musste Ängie nach Ankara. Nein, hat sie gesagt, es bleibt dabei. Mein Außenminister hatte einen außenpolitischen Black-out. Es bleibt bei der privilegierten Partnerschaft.

Im Beziehungsdeutsch heißt das ungefähr, wenn Er zu Ihr sagt: Wenn du schöner wärst, würde ich dich heiraten.

Gleichzeitig hat sie aber versichert, dass wir die größten Geschäftspartner sind. Vielleicht versteht man das auf Türkisch?

Wenn die deutschen Kinder dann an türkischen Gymnasien zugelassen werden und Deutsch erste Fremdsprache ist, jammern deutsche Eltern und sagen, das schafft Parallelwelten.

Na und? Wissen wir doch. Parallelen treffen sich im Unendlichen. Das ist genau das, was mit privilegierter Partnerschaft gemeint ist. Irgendwann wird in Brüssel ein Platz frei, und dann kommt die Türkei.

Es ist wie im Theater, wenn alles ausverkauft ist, und man will eine Karte, und die Kasse sagt: Es ist knallvoll, aber wenn was leer wird, sind Sie privilegiert.

Oder es fliegt einer raus.

Genscher hätte glatt darauf verwiesen, dass sein Besuch kurz vor Ostern sinnvoll ist, er quasi Brücken baut in die Türkei. Weil, wie wir wissen, Paulus ein Türke war. Ja, er wurde in Tarsus geboren. In der Nähe von Issos, wo selbst Alexander der Hemmungslose die Perser verjagt hat. Wenn Paulus ein Türke war, kann man sich auch erklären, woher er seine christlich-katholische Frauenfeindlichkeit hatte. Und warum er den Korinthern und Ephesern so viel Unfug geschrieben hat.

Und der Honig, den er ihnen dann noch ums Maul geschmiert hat, war türk… vergessen wir's.

Die Türken kommen sicher in die EU. Die bringen es fertig, zu behaupten, dass die Griechen auf Zypern die zwei Millionen Armenier umgebracht haben.

Internationale Verwicklungen

STALIN GLEICH PUTIN

Seit Stalin fällt einen der Zweifel an, wenn in Russland gemeldet wird, es hätte ein Beklagter ein Geständnis abgelegt. Derselbe wird ja nicht freundlich aufgefordert: »Wollen Sie nicht ablegen?«, sondern so weichgekocht, dass man ihn mit dem Löffel essen kann. Sie unterschreiben dann ein Papier, bei dem es ihnen beim Lesen wie Schuppen von den Augen fällt, was man eigentlich für ein russischer Volksschädlich gewesen ist.

Und noch etwas fällt ab: das Vermögen des reichen Verbrechers an den Staat. Nicht umsonst heißt das härteste Spiel um Leben und Tod russisches Roulette. Es ist stockdunkel, und wenn das Licht wieder angeht, ist einer tot.

Putins Securitate funktioniert. Sie fegen ein Problem nicht unter den Teppich, sondern gleich unter den Rasen. Putin ist ein Demokrat! Sagt Schröder.

DER LUPENREINE DEMOKRAT

Wenn früher irgendwann jemand sagte: Es steht was vor der Tür. Dann sagte man: Weihnachten. Komm rein, Weihnachten, draußen is kalt. Meistens stand aber der Russe vor der Tür. Ich habe jahrelang meine Tür nicht mehr aufgemacht.

Jetzt ist der längst ganz woanders. An der Côte d'Azur oder im Ferrari. Bei einer Massenkarambolage sind jetzt acht Ferraris, zwei Maseratis und drei Mercedes zusammengekracht. Da hat sich echter Reichtum getroffen. Wobei die Mercedes mehr so die Trabbis unter den echten Autos sind, also die Ferraris, das waren bestimmt alles Russen. Warum? Weil niemandem was passiert ist. Denn die hatten alle ihr ganzes Bargeld dabei. Nichts passiert bei dem Aufprall.

Die Frage ist jetzt: Haben die Reichen in Russland dem Putin ein paar Millionen Stimmen gekauft, oder haben sie die Fälschungen bezahlt, oder ist das alles bösartig unterstellt, und der Putin wird behaupten: Die in Moskau auf den Straßen randalieren, sind vom Westen gelenkt.

Was sagt Schröder? Putin? Ein lupenreiner Demokrat. Hat er gesagt. Glaube ich auch. Man braucht nur eine Lupe, um den Demokraten zu entdecken.

Wie auch immer: Wir müssen uns dem Herrn gegenüber gemäßigt verhalten. Wenn er böse wird auf uns, dreht er uns das Gas ab.

GUANTÁNAMO

Der mit Recht so genannte Bosbach will, auch wenn sie unschuldig sind, keine freigelassenen Häftlinge aus Guantánamo.

Keiner will sie, sagt Bosbach. Und der CSU-Rechtsexperte Hans-Peter Uhl hat ergänzend »Nein!« geschrien!

Es sind nur vier Männer, aber man hat das Gefühl, dass es sich um eine Schwemme handelt. Und die vier wurden freigelassen, weil das amerikanische Pflegepersonal in all den Jahren kein Geständnis aus ihnen herausbehandeln konnte.

Aber das sagt noch gar nichts, sagen die Uhls hierzulande. Umsonst kommt doch keiner nach Guantánamo. Und Muslime sind es – das kommt noch hinzu.

Außerdem, was sollen denn unsere Zuführungsdienste, also unsere Geheimdienste, sagen. Sie arbeiten und arbeiten, damit diese Typen da reinkommen. Und jetzt sollen die, die da rauskommen, zu uns zurückkommen?

Und versicherungsmäßig ist das ein Wahnsinn. Die sind doch so kaputt, wenn sie rauskommen, die brauchen alle einen Rollstuhl. Wollen wir wirklich, dass unsere Rehas mit halbtoten Muslimen verstopft sind?

VORWÄRTSVERTEIDIGUNG

Es würde ihnen doch niemand übel nehmen, wenn sie sich des Spruchs In dubio pro homo entsinnen und auf den kleinen Floh nicht mit dem großen Hammer einschlagen würden.

Vielleicht sollten sich die Juristen Europas mal zusammentun und die Rechtslage im Afghanistan-Krieg prüfen. Krieg ist seit dem Zusatzprotokoll zur Genfer Konvention kein gültiger Rechtsbegriff mehr. Er ist einfach verboten. Drum darf das Wort Krieg auch nicht mehr verwendet werden. Selbst wenn es einer ist.

Krieg heißt nach Herrn zu Guttenberg ... das ist der Mann, der von seinen fränkischen Ländereien hoch zu Ross in Berlin eingeritten ist, imponierend jung, Haltung perfekt, Kleidung tipptopp, Frisur ... ich habe das Gefühl, der Mann hat jedes einzelne Haar unter Kontrolle. Er ist der gekämmteste Politiker seit Erich Mende.

Krieg heißt im Fall Afghanistan jetzt: »Nicht international bewaffneter Konflikt.« Das ist ein Versicherungsproblem. Weil Afghanistan selber ja nicht im Krieg liegt mit Amerika und Deutschland und England, sondern mit sich. Also eigentlich ein nationaler Bürgerkrieg, nun ja, Krieg kann man ja nicht sagen. Man muss sagen: ein national bewaffneter Bürgerkonflikt.

Für internationale Soldaten hat das den Nachteil, dass sie nicht wie in einem normalen Krieg auf den Feind schießen dürfen, sie müssen ihn, nach der neuen Genfer Konvention, dreimal vorher anrufen. Weil man ja nicht weiß, ob das nun ein Taliban ist oder nicht. Nach Genf müssten die Taliban auf dem Rücken draufstehen haben: Taliban. Haben sie aber nicht. Das erschwert alles sehr.

Richtig ist: Der Verteidigungsminister führt keinen Krieg, denn er verteidigt ja Deutschland, am Hindukusch, und er soll Afghanistan »stabilisieren«, also ein Stabilisierungskrieg … nein, Krieg soll er ja nicht sagen, also eine Stabilisierungsverteidigung und, sagt er, es handelt sich dort um »kriegsähnliche Zustände«, in Wirklichkeit ist es aber eine Polizeiaktion, welche die verschiedenartigen bewaffneten und befeindeten Banden ohne Waffenanwendung voneinander abhalten soll, das heißt, die Bundeswehr ist eine nationale Stabilisierungspolizei für verteidigungsähnliche Zustände, und das alles sind Zustände, die man sofort kriegt, wenn einem durch den Kopf schießt, was einem da von allen Seiten und von oben und von unten zustoßen kann, wenn man nicht weiß, wo der Feind ist und einem als Soldat sofort gesagt wird: Es heißt nicht Zustände kriegen, sondern Zustände verteidigen.

Eben, sagen Soldaten aus 43 Ländern, wir verteidigen hier Zustände, die wir gar nicht verstehen. Wer ist hier eigentlich gegen wen und warum und was will er und wohin?

Also, die Sache ist klar: Schiiten hassen Sunniten, Afghanen ermorden Afghanen, Taliban killt Turkestan, Usbeken verfolgen Turkmenen und verscheuchen Iraner, und alle zusammen ermorden Amerikaner, und Tadschiken töten die Paschtunen, dazwischen Mudschaheddine und Opium und Minen und Granaten und Bomben und viel Geld aus allen Teilen der Welt, und keiner weiß, was hier passiert.

Da kennt sich inzwischen nicht einmal mehr Scholl-Latour aus, und das will was heißen: Was macht in diesem Käfig voller Narren ein Feldwebel aus Hammelburg?

Nichts. Er macht sich Gedanken, welcher Idiot ihn da hingeschickt hat. Doch die Herren dort wechseln und kommen und gehen, nur einer kam, sah und hat sofort gewusst, was da gespielt wird, und innerhalb einer halben Stunde hat er entschieden, der Herr zu Teutoburg: Alles recht, Jungs, bombt die Taliban, wo ihr sie trefft, und wenn ihr andere trefft, dann habt ihr Zivilisten getroffen, die noch Taliban werden könnten.

Eine Stunde später sagt der zu Teutoburg: »Scheiße. Es gibt Zeugen.« Und wie der Samson seine Kraft verliert der Herr die Kennerschaft. Seit der Zeit entlässt er im Stundentakt Generäle. In absehbarer Zeit ist die Bundeswehr führungslos. Gut, das war sie schon öfter.

Aber wer jetzt auf die Idee kommt, noch mehr deutsche Soldaten dorthin zu schicken, wo der Wahnsinn sich ins Fäustchen lacht und die Opiummilliardäre schmunzeln über die armen Schweine, die für sie sterben müssen. Der sollte bestraft werden! Der sollte ein Jahr lang oben am Hindukusch in einem Kiosk in 3000 Meter Höhe *BILD* verkaufen müssen.

ÜBER DIE FREIHEIT IN EINER
LIBERALEN DIKTATUR

Mit den Chinesen kann man ungeheuere Geschäfte machen, obwohl sie Menschen mit unserem Demokratieverständnis, wären wir Chinesen, 20 Jahre lang in ein Umerziehungslager stecken würden. Natürlich, sagen sie, das dauert bei uns, bis wir unseren Menschen im Lande die Reife zusprechen können, mit der Freiheit umzugehen.

Hochrangige chinesische Geschäftsleute auf ihrem Weg in die Freiheit zu beobachten ist interessant. Wer einmal eine TV-Übertragung von einer Rede eines obersten Chinesen, also des Ministerpräsidenten, erlebt hat, weiß, wovon ich rede. Die in einer Reihe hinter ihm aufgestellten Minister stehen nicht etwa wie in England oder den USA oder bei uns lässig dabei … Standbein – Spielbein – Hand in der Tasche.

Nein. Chinesen stehen stramm. Arme angelegt. Hände an der Hose. Und die volle Hose im Gesicht.

Als Merkel nach China fuhr und den chinesischen Regierenden die Menschenrechte mitbringen wollte, sagte der oberste Chinese: »Brauchen wir nicht, bis jetzt ging's auch ohne.«

Es war eine Lüge, später sagte er: »Natürlich haben wir sie, aber bei uns sind sie gut aufgehoben und sicher. Und dort bleiben sie auch. Im staatlichen Gewahrsam.«

Höhepunkte im Sport

SPORTLICHES

Es wird behauptet – allen Ernstes! –, Fußball wäre eine olympische Disziplin. Zugegeben, es gibt merkwürdige. Bei den nächsten Spielen dann noch: Synchronschwimmen Single.

Im Winter sitzen meine Frau und ich an jedem Wochenende vor der Mattscheibe und schauen fünf Stunden lang Leuten zu, die mit Skiern an uns vorbeifahren. Fahren durch einsame Wälder. Erst kommt einer. Später noch einer. Manchmal kommen zwei. Das erhöht die Spannung.

Schießen auf Ski! Also nicht *auf* die Ski schießen, nein, *mit* Skiern zum Schießplatz. Das Publikum platzt vor Spannung.

Manchmal kommt auch eine Frau. Und dann poltern drei Männer aus den Büschen, laufen hinterher und schreien: »Ho-Ho-Ho-Ho!!!!«

Meine Frau hat gefragt: »Werden die Frauen verfolgt?«

»Nein«, hab ich gesagt, »das macht nichts, die sind bewaffnet.«

»Und warum sind die nummeriert?«

»Weil sie nachher wieder eingesammelt werden.«

Ganz besonders langweilig sind diese Formel-1-Rennen. 70 Runden. Immer rum-rum-rum. Aber wir kucken. Früher war's noch spannender, da hat immer ein Deutscher gewonnen. Der mit dem Kinn. Um das herum das Auto gebaut wurde.

Auch der andere Deutsche, der Vettel, fährt als Erster los und kommt als Erster an. Langweilig!

Ich habe denen von der Formel 1 einen Vorschlag gemacht.

Aber die sind so arrogant, haben nicht geantwortet. Dabei ist mein Verbesserungsvorschlag nicht schlecht.

Wie wär's, wenn die Formel-1-Rennfahrer alle 20 Kilometer halten müssen und schießen? *Aufeinander!*

Renate und ich sind, wie schon gesagt, die treuesten Fernsehzuschauer, die es gibt. Wir sehen alles. Wir sind die Einschaltquote! Allerdings sehen wir nur Sport. Aber mehr ist ja auch nicht.

Ich sehe immer Sport. Auch Sport, den ich überhaupt nicht ausstehen kann. Neulich habe ich eine Woche lang Dartsmeisterschaften gesehen.

Und Skispringen. Im Sommer. Auf Matten. Die Dramaturgie ist da das Spannendste. Einer winkt, und oben kommt einer runter. Dann sagt jemand, *wo* er runtergekommen ist, und dann gibt wieder einer ein Zeichen. Und dann kommt wieder einer runter. Wenn alle 126 runtergekommen sind, kommt der zweite Durchgang. Das Ganze ist so spannend wie drei Stunden Wetterkarte.

Im Sommer sehen wir eine 14-tägige Sendung mit Radfahrern. Da sieht man Radfahrer Rad fahren. Mehr ist nicht. Zwischendurch fahren sie ganz steile Berge rauf und hinten wieder runter, und der Reporter sagt, das wäre eine epochale Leistung. Das ist richtig, weil das Wort EPO drin enthalten ist.

Dann erzählt ein Experte wie Herbert Watterott, der weiß alles, weil er das halbe Leben auf dem Gepäckträger von Rudi Altig verbracht hat, dass der Fahrer Pichelsteiner dauernd im Windschatten rumfährt. Dauernd dieser Windschatten.

Das macht Schule. Neulich kommentierte ein Moderator bei einem Triathlon-Wettkampf, dass ein Schwimmer im Wasserschatten seines Gegners schwimmt. Wahrscheinlich befand sich der Kollege im Denkschatten seines Windschattenwatterotts.

Manchmal sehen wir, Renate und ich, auch merkwürdige Sportarten. Bei den Winterspielen haben wir deutlich gesehen, wie Menschen stundenlang auf dem Eis rumkriechen und Wärmflaschen hin- und herschieben.

OLYMPIA- UND SPORTFUNKTIONÄRE

Die Tokioten wollen unbedingt die Olympischen Spiele wieder. Das muss ein Virus sein, der sehr ansteckend ist. Bei uns fangen sie auch schon wieder an.

Den Fehler wiederholen sie wahrscheinlich nicht mehr, dass sie wie der alte Samaranch sagen: Samma fesch – samma korrupt – samma ranch – der ist weg – der Rogge ist nicht mehr da, aber eine Strafe weiter wohnt der Bach. Tschuldigung. Eine Straße weiter. Mit dem Bach haben wir Deutsche ein Ass im Ärmel, aber wenn wir nicht aufpassen, haben wir jetzt alle vier Jahre Olympia.

Den Japanern, da sind wir fair, denen lassen wir die Spiele ohne Widerspruch. Wir wissen doch, für ein Ideal, ein Humanitätsideal, gehen Japaner über Leichen.

> Und immer wieder geht die Sonne auf.
> Im Walsertal, im Osten und in China.
> Und immer wieder gehen Menschen drauf.
> Und immer wieder lockt ein Leck in Fukushima.

Und 2020 ist dort die Jugend der Welt – in Tokio … im Becquerelness-Center. Sie werben sogar damit, Fukushima als eine Art Ätna. Die IOC-Mitglieder sagen: Wir sehen keine Gefahr. 200 Kilometer weg! Also München-Stuttgart. Und: Die Berge dazwischen! Deswegen verlieren die Türken auch gegen Japan. Da haben sie Angst, die IOC-Angefütterten. Vor möglichen Demos.

Madrid hat sich auch mal beworben. Eine Katastrophe. Die haben eine minimalistische Sparbewerbung abgegeben. Schon der Eröffnungsvorschlag! Keine 30 000 Statisten in altgriechischen Gewändern. Keine Riesenwasserspiele, Feuerwerke, schwebende Nymphen, keine 10 000 Tänzer, keine Lichtdome – nicht einmal den König wollen sie rausrücken. Und am Schluss soll einer mit einer Packung Streichhölzern das olympische Feuer zum Brennen überreden. Dafür, haben sie gesagt, wollen sie mehr Sport.

Wer von den Werbeagenturen will denn das. Darum geht's doch gar nicht bei den Olympischen Spielen. Niemand interessiert sich mehr für ein gedoptes Muskelmonster, das 7,9 läuft.

Die IOC-Gewaltigen sind, genau wie die FIFA, für die Zeit der Spiele die Herren der Länder. Sie bestimmen, was die Menschen nicht trinken und essen dürfen, wenn's nicht ihre Konzerne sind, sie versauen das ohnehin schon säuische Fernsehprogramm des Landes. Sie sind eine Besatzungsmacht. Eine Monetärregierung, die vier Wochen lang den Ausnahmezustand verhängt.

Und wenn sich einer mal fragen sollte, wo sich die Reaktionäre, die vom rechten Rand kommen, die verkorksten Spießer, die ihre vermurkste Karriere in anständigen Berufen versäumt haben, wenn einer fragen sollte, wo die sich alle treffen?

Auf den Präsidenten- und Vorstandssesseln der globalen

Sportverbände. Interessieren sie sich wirklich noch für Sport?

Natürlich hat der große Beckenbauer, der Schaaasenkaiser, immer Sätze, die unvergessen dort liegen bleiben, wo er sie hingespuckt hat. Zu den Vorwürfen, in Katar würden Sklavenarbeiter zu Tode geschunden, soll er gesagt haben: »Ich habe noch nicht einen einzigen Sklaven in Katar gesehen. Die laufen alle frei rum.«

DER AKTIVE HERR BLATTER

Auch Seitensprünge werden in diesen Jahren nach dem olympischen Motto gesprungen: schneller – höher – weiter. So ganz normal sind wir nicht mehr.

Burda, der Verleiher des Schwarzwald-Oscar, hat seinen Bambi an Josef Blatter, den Präsidenten der FIFA, des Weltfußballverbandes, verliehen. Ausgerechnet.

Zu Blatter gibt es ein Wortspiel. Man sagt, der höchste Berg in der Schweiz wäre der Scheinberg, also der Berg der Geldscheine von Blatter, genannt das Blatterhorn … dieser Burdabambi für Blatter hat ihn reingewaschen. Jetzt kann er machen, was er will – und was er alles will!

Das Geld, das die Menschen in den Spielorten der Fußballweltmeisterschaften verdienen wollen, werden sie nicht sehen. Das wird sich die FIFA aufs Konto blattern. Die hat die totale Macht im Lande übernommen. Sie bestimmt, was in den Stadien getragen, getrunken, in was gebissen und in welchen Farben geschissen werden muss.

In München gibt's kein bayerisches Bier. Nein, tschechisches, das Amerika gehört – mit Pumaschuhen dürfen sie nicht rein – Adidas ist der A-Sponsor. Der wichtigste A-Sponsor ist

McDonald's. Asponsor, da ist das Wort Aas deutlich rauszu-hören. Man denkt sofort an Gammelfleisch.

Man möchte sich gar nicht an den Kopf fassen, weil der dafür zu schade ist. Ich werde eine andere Stelle dafür finden.

DIE THEATRALIK BEIM FUSSBALL

Die Fußballspieler müssen in der Bundesliga nicht nur Kurz-pass-Querpass-Rückpass-Tore und Eigentore beherrschen. Sie sollen das Kameragesicht und die TV-Rhetorik beherrschen. Nicht nur die Schauspielkunst des gefoulten Halbtoten, der sich schreiend dem Krankenhaus entgegenwälzt, nein, auch die Fassungslosigkeit des Spielers, der, nachdem er in gestrecktem Galopp mit der Grätschbremse dem Gegner die Schienbeine poliert hat, sofort, bevor überhaupt jemand schreit oder pfeift, die Arme hochwirft, um mitzuteilen, dass er nur den Ball gespielt habe. Obwohl jedermann gesehen hat, dass der sich vorher aus dem Staub gemacht hat. Diese absolut unwürdige, kindische und dämliche Theatralik wird wahrscheinlich einstudiert.

Mich reizt dieser Quatsch derart, dass ich voller Wut sogar Spiele abschalte, in denen die Löw-Buben um Ball und Leben kämpfen. Ganz abgesehen davon, dass der Ball, um den es geht, auf solch alberne Weise nicht einmal zu 50 Prozent der Spielzeit im Feld ist.

Noch dümmer benehmen sich die Leute, die am Spielfeld-rand ihre eigenen Trainer-Opern aufführen, was die Kamera-den von der Kamera lästigerweise ununterbrochen ins Fern-sehbild bringen. Kein Mensch interessiert sich dafür, was dieser törichte Herr, der am Spielfeldrand gestikulierend hin und her läuft, überhaupt will. Gemeint sind die Trainer.

Sie rufen offensichtlich den Spielern zu, wie sie jetzt anspielen sollen, werfen die Ärmchen in die Höhe, wenn die Schiedsrichter zu Recht einem der Rabauken auf dem Feld die gelbe Karte zeigen, als ob sie das üble Foul nicht selbst gesehen hätten, schütteln Fäuste drohend, und wenn sie ein Rotlicht in der Kamera sehen, spielen sie den Schlachtenlenker, aber so grauen- und laienhaft, dass es einem die Schuhe mit den Socken auszieht. Was für ein Affentheater!

Dabei reagieren die Spieler auf dem Feld in der Regel überhaupt nicht. Sie verstehen auch gar nicht, was die Hampelmänner an der Außenlinie hineinschreien. Die Fans grölen hirnverbrannte Liedertexte, es ist ein solcher Lärm im Stadion, dass die Spieler höchstens sehen können, wo die Trainer hinzeigen. Die zeigen meistens nach vorne. Damit die Spieler nicht vergessen, wo das Tor ist, in das sie den Ball schießen müssen. Und wenn so ein Tor fällt, lassen sie sich mit wild geschüttelten Beckerfäusten umarmen, beküssen, begießen, loben. Alle führen sich auf, als hätten sie das Tor geschossen.

In den gefürchteten Interviews noch am Tatort teilen sie dann ihre »Philosophie« mit, mit der sie das Spiel gewonnen haben. Langsam werden diese überschätzten Pappkameraden Heilige, aber man weiß nicht, um welchen Heiligen es sich da handeln soll, es kann nur der heilige Bimbam sein.

Der Ärmste bei solchen sportlichen Peinlichkeiten ist und bleibt der Ball.

MEGAKRACHER

Dass ich dieses Sonderangebot, der *BILD*-Zeitung sei Dank, im letzten Moment noch wahrnehmen konnte, nämlich sechs Würstchen und sechs Bier für einen Euro, genannt der »Megakracher«, hat mein Maß voll gemacht. Damit war ich für die WM gerüstet. Dass die Würstchen auch noch in Schwarzrotgold gefleischert waren, hat mein Glück erhöht.

Das Sonderangebot einer Fahnenvertriebsfirma ist mir auch nicht entgangen. Seit zwei Wochen besitze ich eine Hissfahne für den Garten. Hilfreich waren dabei die Empfehlungen für den morgendlichen und abendlichen Fahnenappell an Tagen der deutschen Beteiligung an den Fußballfeindlichkeiten in Südafrika. Pünktlich um sieben hat die Familiengemeinschaft vollzählig zur Hissung anzutreten. Auch Babys haben daran teilzunehmen. Schwarzrotgoldene Schnuller sowie Windeln und Buggys in den Farben der deutschen Fußballhelden gelten dabei als nationale Pflichtübung.

Der Haushaltsvorstand gibt die Kommandos, die Hymne ertönt, wofür eigens von dem großen Komponisten Siegel eine WM-Fassung mit verändertem Text, der mit der Zeile »Einigkeit und Recht auf Freistoß« beginnt, auf einer schwarzrotgoldenen Kassette erstellt worden ist, und abends wird die Fahne wieder feierlich eingeholt.

Ich war eigentlich auf alles eingestellt. Auch auf ein mögliches Ausscheiden der deutschen Ballbuben war ich vorbereitet. (Die Gartenfahne ist dann feierlich auf halbmast zu setzen.) Mir hätte auch die übliche Langeweile, die Fußballspiele bei Weltmeisterschaften erzeugen, nichts ausgemacht. Ich wusste aus Erfahrung, dass man als Anhänger dieser Sportart diese und jene Kröte schlucken muss, nur auf Tröten war ich nicht eingerichtet.

Was, um Gottes willen, hat diese sympathischen Südafrikaner auf den Gedanken gebracht, dass diese grässlichen Kleinkindertrompeten Stimmung im Stadion erzeugen könnten. Dieser dämliche, dumpfe Dauerton erzeugt Wut, nichts anderes. Millionen werden ihre Fernsehapparate abschalten. Wer hat die Freunde in Afrika auf diesen Blödsinn gebracht? Mir ist da eine Idee gekommen.

Die FIFA hat unter dem bestechenden Funktionärstalent Blatter wie immer strenge Regeln erlassen. Das heißt, eigentlich übernimmt die FIFA für die Zeit der WM die Macht im veranstaltenden Land. Sie bestimmt auch, was man in die Stadien mitnehmen darf und was nicht. Keine eigenen Butterbrote, keinen Alkohol, keine Streichhölzer, keine Vermummungsutensilien, kein Radio, kein Handy. Wahrscheinlich ist die FIFA auch während der Spiele Oberbefehlshaberin der Polizei und Armee, stellt den eigenen Geheimdienst, die Bodyguards, ordnet an, dass der Geldverkehr des Landes über die eigene FIFA-Bank gelenkt wird, jeweils mit einem kleinen Aufpreis für die Bemühungen der Blatteramigos. Sie überwacht natürlich die Arbeit der Journalisten und redigiert ihre Berichte, sammelt sämtliche Daten der Beteiligten und ist für die Gerichtsbarkeit zuständig.

Diese saudummen Vuvuzelas wird die FIFA vermutlich in einer eigenen Trötenfirma hergestellt haben und darum an einem Stadionverbot für Megakracher aller Art höchst wenig interessiert sein.

Erstaunt wäre ich, wenn sie nicht auch eine Produktion von Stöpseln betreiben würde, die Menschen, die diesen Lärm nicht aushalten, über die FIFA beziehen können. Wofür man dann wahrscheinlich eine Vuvuzela-Schutzgebühr hinblattern muss.

Nach der Betrachtung von bisher zehn Fußballmannschaften, die lustlos gegeneinander antraten, habe ich mir darüber Gedanken gemacht. Von Fußball kann nicht die Rede sein.

DER STOLZ DES HERRN RUMMENIGGE

Ich beende mein Ich-lese-noch-Vorprogramm und mit einer Versöhnlichkeit … das ist zusammengefasst eine Persönlichkeit, die versöhnt: ein Mann aus Lippe, der inzwischen die Lederhosen verinnerlicht, der zum bayersten Bayern Bayerns gehört: Karl-Heinz Rummenigge. Der Fußball gebiert große Geister, die hie und da etwas absondern, was verrät, was in ihnen steckt.

Bayern München, meint er, ist groß, schießt ein Tor nach dem anderen, erst eins gegen Bremen und dann noch eins, verliert 2:5, aber die Bayern gewinnen, weil sie nicht verlieren können!

Bayern München ist groß, größer als das Oktoberfest, größer als König Ludwig, größer als das Siegestor, das nur ein Bayer geschossen haben kann. Bayern ist Rummenigge, Rummenigge ist Hoeneß, und Beckenbauer ist der Wahnsinn, und der Wahnsinn ist göttlich und bayerisch und Huber ist der Prophet. Der dann treten wird vor den Spiegel mit der Frage: »Wer ist der Größte im Bayernland?« Und der Spiegel antwortet: »Du bist der Größte und Klügste in Bayern und bei der CSU, aber die Weißwurst ist viel klüger als du.«

SPRACHLICHE FEINHEITEN

Früher war es noch erträglich. Da hat man nur die Trainer interviewt ... war schlimm genug. Seit einiger Zeit haben sie alle eine Philosophie. Das hat keiner von einem Fußballtrainer erwartet. Einer von ihnen, es war der immer wieder fliegende Holländer, hat in seiner lichtdurchflutenden, beinahe schmerzlichen, gedanklichen Klarheit festgestellt: »Wenn wir vorne nicht treffen und hinten nicht dicht sind, können wir nicht zu null gewinnen.« Ein englischer Trainer übertraf ihn noch an Schlüssigkeit: »Da wird immer gesagt, im Fußball geht es um Leben und Tod – dabei geht es um viel mehr.«

Bundestrainer Löw aber brachte es auf den Punkt: »Es geht in Wirklichkeit um den Ball.« Vor dem Spiel, das so ausging, weil die deutsche Mannschaft einging, und zwar gegen Balotelli, also gegen Italien, hatte er noch gesagt: »Keine Angst, meine Jungs können alles am Ball.« Das hat nur keinen Sinn, wenn sie ihn nicht haben.

Inzwischen ist man dazu übergegangen, jeden einzelnen Spieler zu interviewen. Dabei kommen Erkenntnisse heraus, die man als Fernsehzuschauer für den Alltag dringend benötigt.

Ein Reporter fragte allen Ernstes: »Wie kam es, dass Sie das Tor geschossen haben?«

Und der Spieler sagte: »Na ja, ick hab gedacht, den mach ick rein.«

»Na und dann?«

»Dann hab ick ihn reinjemacht.«

Aber nicht genug. Seit einiger Zeit kommt auch die Frauentrainerin zu Wort. Sie philosophierte nach einem Länderspiel: »Wir haben 2:0 geführt. Dann schossen die Schweizerinnen ein Tor. Und da habe ich gedacht: Wenn sie jetzt *noch* ein Tor schießen, dann kann es sein, dass es unentschieden ausgeht.«

Aber eine tiefe Sorge um die Fußballspieler ergreift mich schon hie und da. Was geht in ihnen vor, wenn ihnen die Arbeitsministerin von der Leyen, die Renten-Uschi, sagt, dass sie bis 67 arbeiten müssen? Die älteren Menschen sollen, sagt die Renten-Uschi, länger arbeiten. Auf die Frage »Wo?« sagt sie: »Das kommt noch.« Auf die Frage, was einer mit 67 noch auf dem Bau, auf dem Dach oder unter Tage machen soll, sagt sie: »Die schicken wir alle ins Büro.« Auf die Frage: »Welche Büros?«, sagt sie: »Bauen wir noch.«

Um die Kultur, um die Musik sorgt sie sich auch. Sie sagt: »Ich finde, alle Kinder, auch die Hartz-IV-Kinder, sollten mit Musik aufwachsen.« Ist das nicht schön? Wir brauchen eine »mobile Denke«. »Denke«, sagte die Ministerin. Das Kind soll später eine Singe haben bei seiner Wachse. Alle Kinder, sagt sie, sollen mit einem Klavier eine Fühle für die Musiziere kriegen. Das ist schön, Frau Ministerin. Aber wo kommt die Zahle her für die Klimpere? Sie verbreitet so viel Optimismus, die Uschi. Und wir Alten sollten dankbar sein, sagt sie. Denken wir an früher!

Früher waren die Alten in dem Alter schon viel töter, oder sie saßen matt und fett auf dem Sofa. Heute joggen sie durch die Wälder und verscheuchen das Wild. Optimismus sollen wir haben. Die Frau kennt den Optimismus der alten Menschen gar nicht. Ich bin alt genug. Ich kenne mich aus. Ich kann mitreden.

Optimismus ist, wenn ein 95-Jähriger zur Vorsorgeuntersuchung geht. Und warum tut er das? Ganz einfach. Damit er die Politik übersteht, die in diesem Lande gemacht wird. Wir müssen nach vorne blicken, sagte die Kanzlerin. Viermal hat sie es in einer Rede gesagt.

Meine Frau und ich haben uns nach dieser Rede aufs Sofa gesetzt und haben zweieinhalb Stunden nach vorne geblickt.

Es ist uns niemand entgegengekommen. Sie ist vermehrt unterwegs. Und da sagt sie dann auch so Sachen. In der Mongolei sagte sie: »Die Mongolei hat schon immer eine Faszination auf uns ausgeübt.«

Also, ich weiß nicht. Wir hatten doch eigentlich immer nur Angst, dass sie kommen.

Kurz darauf saß sie in China dem eifrigsten Verfechter der Menschenrechte gegenüber, dem Chinaboss, und man sah deutlich, dass sie sich die Frage verkneifen musste: Sie haben doch eine sogenannte Volksbefreiungsarmee? Wann befreit sie denn das Volk?

Ich weiß schon, das sagt sich so leicht. Was soll sie tun? Wenn es bei einem Besuch nur um Menschen ginge, aber es geht ja um Milliarden Euro.

Gemeinsamkeit entdeckt man immer nur, wenn die Staatsmänner und -frauen an diesen dämlichen Ehrenkompanien vorbeimarschieren. Kann auch nicht jeder. Schröder hatte richtig trainiert darauf. Er hatte sich so einen Stehspreizschritt angewöhnt. Kohl ist vorbeigerollt. Die Merkel hat noch so eine Art uckermärkischen Furchengang. Wulff will immer zeigen, dass er ein armer Mann ist, und legt Ohren und Arme an. Und alle sagen sich dann: Was gibt man so einem Mann?

Was noch überflüssiger ist als der Vorbeimarsch, ist diese Hymnenblaserei. Die Musik ist Aua, der Text ist Ü.

Was Sie vielleicht noch nicht wissen: Der IOC erwägt, die Nationalhymnen bei Sportveranstaltungen, also auch bei Olympischen Spielen, der Zeit anzupassen und sie zu Gunsten von Werbeeinblendungen, um Sendezeiten zu sparen, zu kürzen. Wenn man weiß, wie teuer eine Sendeminute ist, weiß man auch, dass diese ewig langen Nationalhymnen mit diesen blutigen, blöden Texten gestrichen gehören.

Gedankensplitter II

Der Berliner Flughafen

Als die klitzekleine Meldung durchkam, dass als rettender Schlaukopf an die Spitze des Berliner Fluchhafens ein gewisser Mehdorn, ich nenne ihn Blähdorn, berufen wurde, da ging ein Jauchzen durch die Presse.

Das kann doch nur der sein, der mit der Bundesbahn, also mit der Bahn AG, unbedingt an die Börse fahren wollte, wohin er sie nicht fuhr, sondern unter Zuhilfenahme seiner Genialität direkt an die Wand. Durch ein Loch in der Wand ist er entkommen und bekam als Entschädigung die AIR Berlin in die Hand und fuhr sie genau dorthin, wo die Bahn AG schon klebte, an die Wand.

Und als man einen Wunderknaben suchte, der die schon an die Wand gefahrene Flughafengesellschaft von Berlin retten sollte, kam man auf Blähdorn.

Und sofort hatte er eine Idee, wie man die Spötter zum Schweigen bringt. Er eröffnet den Laden. An Weihnachten. Aber nur für zehn Flüge! Das sind Rundflüge, die den Leuten zeigen, wie die Katastrophe von oben aussieht.

Der Flughafen wird eröffnet, Blähdorn: fürs Erste als Segelflughafen, wahrscheinlich im nächsten Jahr. Das ist eine unumstößliche Gewissheit. Beim ersten Mal ging was schief.

Der regierende Wowereit und der regierende Platzek von Brandenburg hatten schon ihre Reden in der Tasche, da ging das Telefon. Stopp! Es fehlen noch zwei Feuerlöscher. Es gab sofort Alarm. Feuerwehr rückt aus, beim Überprüfen stellte sich heraus: Die Halle, wo die Feuerlöscher fehlten, stand auch noch nicht. Man fragt sich bloß: Jahre hindurch wurde

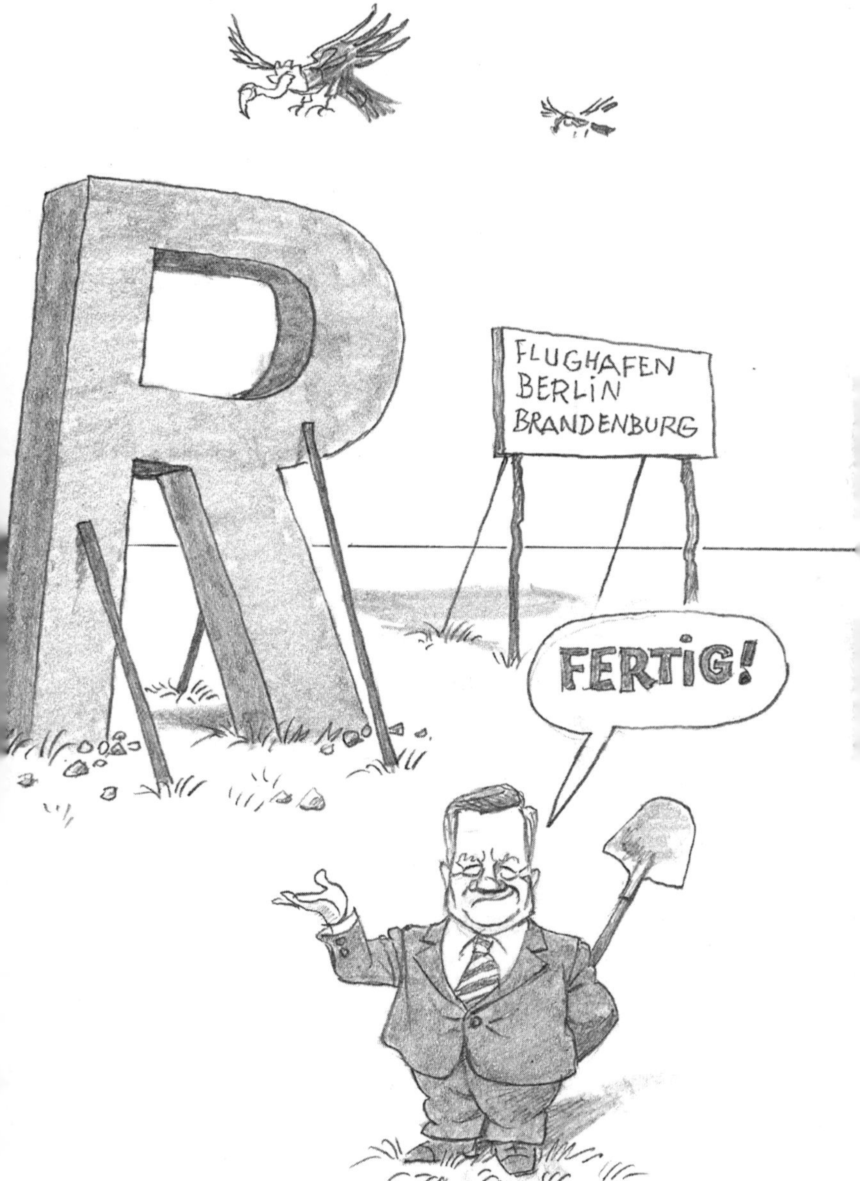
FLUGHAFEN
BERLIN
BRANDENBURG
FERTIG!

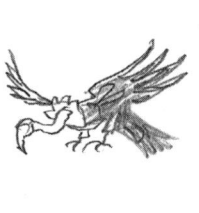

schon an diesem Flughafen gebaut, wo waren denn in dieser Zeit die Wowereits und die Platzeks?

Wowereit: »Ich bin empört. Ich hatte keine Ahnung!«

Platzek: »Ich bin stinksauer. Mir hat keiner was gesagt.«

Und dann hat ihnen einer von der Presse gesagt, dass sie beide die ganze Zeit über im Aufsichtsrat waren. Wussten sie auch nicht.

Dann hat man den federführenden Verkehrsminister Ramsauer angerufen: »In Schönefeld wird ein Flughafen gebaut!«

Und Ramsauer: »Da schau her!«

Überall funktioniert die Geheimhaltung *nicht. Hier* schon!

Völlig geheim gehalten werden auch die Namen der Firmen, die sich hier blamiert haben. Wie heißt denn die, die nicht gemerkt hat, dass 50 Kilometer falsche Kabel gelegt wurden? Welche Sub-Sub-Sub-Unternehmer haben hier unterbezahlte Murkser murksen lassen? Wer hat die engagiert? Welche Unternehmer haben so gebaut, dass fast alle Wände wieder eingerissen werden müssen, ganze Hallen?

Einer hat gemeldet: Die Betankungsanlage steht.

Ja, aber sie geht nicht.

Die Computerkühlung. Die könnte man, hieß es, bis zur Eröffnung hinkriegen. Dass sie kühlt. Wenn die Feuerlöscher löschen. Überhaupt die Brandschutzanlage. Wir können den Brand schützen. Aber wir können nicht verhindern, dass es brennt.

Der Verkehrspolitiker Ole Kreins (SPD) hat gesagt: »Alle anderen Probleme sind löschbar.«

Und dann spricht Wowereit: »Jetzt krempeln wir die Ärmel hoch. Jeder muss anpacken. Egal was. Kümmert euch nicht um die alten Probleme, es gibt genügend neue.«

*

In der Kuh ist zu viel Pferd

Im Jahre 1975 wurde die Sekretärin im Vorzimmer des Bundespräsidenten gefragt: »Worin unterscheiden sich denn die beiden Präsidenten Heinemann und Scheel?«

Die Antwort: »Bundespräsident Scheel fragte mich in der Mittagszeit gewöhnlich: ›Haben Sie heute schon gespeist?‹ Sein Vorgänger Heinemann fragte: ›Haben Sie sich heute schon ernährt?‹«

Es scheint wohl so zu sein: Die Deutschen, in ihrer Mehrheit, ernähren sich. Eine Minderheit, durch das Koch-Entertainment der plaudernden Brutzelgiganten Lafer und Lichter ermuntert, speist. Auf jeden 100. Topf der Bevölkerung fällt ein Speiser. Ein Kochbuchkenner und ein deutsches Zungenwunder.

Wir Lederzungenfresser schaufeln in unsere Ernährungsaufnahmeanlage hinein, was die Volkssättigungsindustrie uns zusammengemantscht hat. Wir sind Regalgourmets, die durch die Ladenstraßen schlendern und wahllos abgepackte Fertigsuppen in die Kaufomobile werfen. Ich habe mir schon lange abgewöhnt, hinzuschauen, was auf der Packung steht. Die ältesten Ladenhüter melden auf den Etiketten, dass sie von extra frischer Frische seien. Und dass Chemikalien, die man in keiner Apotheke zu kaufen kriegt, drin sind, und die stehen auch alle drauf. Immer mehr und immer greller.

Denn, so heißt es, der deutsche Ernährer ist nicht interessiert an dem Geschmack, sondern an der Gesundheit. Wenn die rote Grütze nicht nur rot und frisch ist, sondern auch gegen Herzrhythmusstörungen oder Spreizfuß ... die Verzehrsministerin Aigner ... man hört sie und man sieht sie vor sich. Sie ist eine der wenigen Prominenten, die den Dialekt aus ihrer bayerischen Grundschule unbeschädigt in ihr Ministerium mitgenommen hat. Was hat sie gesagt?

»Mir hoitn des immer no aso: Was draaf steht, iss a drinn.«

Mich aber hat sie völlig verwirrt, denn ich habe mir nach dem Kosten von dem, was drin ist, gedacht: Die wären ja blöd, die Hersteller, wenn sie auch noch draufschreiben würden, was drin ist.

Auf der anderen Seite sagt die Ernährungsindustrie: »Es ist eine Lüge, dass wir Erdbeeren aus Holzspänen gemacht und mit Geschmacksverstärkern zu Erdbeersahne verarbeitet haben.«

Kaum glaube ich das nicht mehr, höre ich im Radio, dass es schon wieder eine Enthüllung gegeben hat. In der Kuh ist zu viel Pferd! Und die Aigner legt noch einen drauf und sagt dazu: »Sauerei.«

Das ist mir zu viel. Und dann behauptet eine grüne Antisalmonelleninitiative: »Die Leute wollen wissen, was sie essen!«

Ich schon lange nicht mehr. Ich bin ja schon froh, wenn das, was ich esse, vom Tier ist. Also vom Ross. Es könnte doch sein, dass das alles bloß Geschmacksverstärker sind, und ich kaue längst an einem Stück Sattel. Es ist schon ein völlig neues Gaststättengefühl, wenn ich denke, ich habe ein Beefsteak auf dem Teller, dabei esse ich gerade den Galopper des Jahres.

Ich versuchte, dieses Erlebnis in einem Gedicht zusammenzufassen. Bin aber nur zu einer Zeile gekommen:

»Ich höre den Hufschlag meiner Rindsrouladen ...«

*

Unterschiedliche Meldungen

Meldung, die irritiert:

Das griechische Parlament zahlt kein Geld mehr für die »Goldene Morgenröte«, das sind die Neonazis. Parteien, die als kriminelle oder terroristische Vereinigung belangt werden, verlieren den Anspruch auf staatliche Mittel. Warum geht das bei uns nicht?

Weil unsere hohen Richter genauer sind und sagen: Eine Gruppe von Menschen, die Ausländer morden, verbrennen, verfolgen, niederknüppeln und die den Massenmörder Hitler öffentlich grüßen und laut sagen, dass sie die Verbrecherbande in Berlin verjagen werden und die Verfassung verachten, kann man nicht einfach verbieten, denen kann man nicht einfach die staatlichen Mittel entziehen, weil die Beweise fehlen.

Meldung, die fasziniert:

Die EZB beginnt mit der Bankenaufsicht! Wie wird das gehen?

Draghi ruft Deutsche Bank an: »Alles in Ordnung?«

Antwort: »Alles in trockenen Tüchern.«

Meldung, die Frohlocken verursacht:

Einem Mann, der Geld verschleudert hat in großen Mengen und zweimal einen Falscheid geleistet hat, ihm wird ein »Raum eröffnet, um in dieser Situation zur inneren Ruhe zurückzufinden und eine neue Gesprächsbasis zu schaffen«.

Ist das nicht eine echte Resozialisierung? Man denkt sofort an Berlusconi. Nein, es handelt sich um Bischof Tebartz-van Elst.

Meldung, die ärgert:

Die fränkischen Unternehmer melden akuten Fachkräftemangel! Sie öffnen ihre Unternehmen und locken Fachkräfte an. Sehr zögerlich.

Warum öffnet die Bayerische Regierung nicht die Gefängnisse für Asylbewerber, also die Asylbewerberheime? Da sitzen Fachkräfte drin. Man müsste bloß diese unsinnigen inhumanen Gesetze lockern, die diesen Menschen Arbeit verbietet.

*

Kampf den Steueroasen

Die *Stuttgarter Zeitung* aus München, also die *Süddeutsche*, hat einen Wirtschaftsweisen, der zwei noch Weisere gefragt hat: Professoren natürlich, die eine Steueroasenbekämpfungsstudie losgelassen haben.

Fighting Multiple Tax Havens. Sie sagen: Der Kampf gegen Steueroasen macht alles noch schlimmer. Weil es dann womöglich weniger Oasen gibt, und die erhöhen dann die Gebühren.

Lasst alles, wie's ist, sagen sie, dann bleibt alles schlimm. Gegen Schlimmes kann man nichts machen, weil's dann noch schlimmer wird. Die Entklugifizierung des Akademikerstandes wird immer schlimmer. Lasst ihn um Gottes willen so, wie er ist.

*

Der NSU-Prozess

Bayern sind auch gutgläubig. Wenn jetzt der Prozess gegen die Mörder von der NSU ... gegen die ganze Nazibande öffentlich abläuft, haben die vom Münchner Oberlandesgericht wahrscheinlich Bedenken, es könnte alle Welt erfahren, wie dämlich sich die Polizei und der Verfassungsschutz angestellt haben.

Und so haben sie für das Verfahren den kleinsten Gerichtssaal bestimmt. Auf diese Weise erfährt jetzt alle Welt, wie verlogen die bayerische Justiz außerdem noch ist.

Ein missliches Thema: der Länderfinanzausgleich

Ab Ende März wird im Länderfinanzausgleich zurückgesödert. In den ersten Jahren der BRD hat Bayern noch am Hungertuch genagt und um Hilfe gerufen. Zum Beispiel bei den reichen Industrieländern Rheinland-Pfalz, Nordrhein-Westfalen, Niedersachsen. Man muss die Armen reicher machen, das macht die Reichen nicht ärmer, hieß es.

Heute sind die Bayern reich. Jetzt wollen sie nicht, sagen sie, dass Reiche ärmer werden, weil das die Starken schwächer macht und die Schwachen nicht stärker. Söder hofft, dass die Dummen nicht schlauer werden, wenn er die Schlauen dümmer macht.

*

Anmerkung zur Sprache

Die Sprache wirft manchmal Zweifel auf. Zum Beispiel, wenn gemeldet wird, dass die Sängerin Melanie schwanger ist und ein Kind erwartet. Was soll sie denn sonst erwarten?

*

Glücksratgeber

Glück, Glück, Glück … alle Welt sucht das Glück. Jede Woche gibt es einen Stapel neuer Glücksratgeber. Dauernd wissen Leute genau, wie man das Glück packt.

Aber sie packen es nur, wenn sie Glück haben mit dem Versuch, die Leute zu belabern, dass sie den Ratgeber kaufen. Aber die meisten haben damit kein Glück.

*

Verunsicherung in der FDP

Die FDP ist empört, weil Merkel mit Steinmeier zum Essen gegangen ist, ohne es der FDP mitzuteilen.

Außerdem hat Bosbach den Gysi gegrüßt. Rösler ist entsetzt.

Brüderle hat Sahra Wagenknecht im Gespräch offen angelächelt.

*

Der Irrsinn wird legal

Ein bayerischer Gastronom aus Hof hat sich das Wort »Weltuntergang« schützen lassen. Als jetzt in Mönchengladbach einer eine Weltuntergangsparty gefeiert hat, kam die Rechnung einer Anwaltskanzlei: 1000 Euro Schadenersatz und 850 Euro Gerichtskosten.

Das will sie jetzt von mindestens 30 anderen Partys auch. Und ich frage mich, ob das Wort Abzocker auch geschützt ist. Oder Ganove. Oder Schwachkopf. Oder Rechtsanwalt.

Eine positive Entwicklung ist festzustellen, wenn ein Korinthenkacker plötzlich Rosinen scheißt.

Putin und Stalin trennt vieles: Zuallererst die Jahre. Zum Zweiten das Aussehen. Was sie verbindet, ist das Bestreben, Gegner ruhigzustellen. Die Art des Ruhigstellens ist verschieden. Wobei das Wort verschieden schon der Sache vorgreift. Wie verschieden sie verschieden sind, hat wieder etwas Verbindendes, nämlich: In beiden Fällen sind sie ruhig.

*

Asylpolitik

Ein Land, dessen Bundeskanzlerin immer wieder betont, wie gut es ihm geht, wie immer besser und immer schneller besser, und wie entrüstet sie ist, wenn behauptet wird, dass Millionen in ihrem Lande in Armut leben ... das kommt mir vor wie eine Familie, die ihre ungeliebten Kinder im Keller versteckt.

*

Fernsehen

Endlich kommt Schwung in die Unterhaltung der Fernsehgenies. Bis jetzt hat Don Wimble, der Meister des Tennis, überall nur sein Schafsgesicht in jedes Bild gehalten, immer mit offenem Mund, das ihn so aussehen lässt wie ein armer, dicker Hammel, dem sie die Weide abgefressen haben ...

Jetzt hat er den ganzen Müll, den er schon gelabert hat, sogar noch zu einem Buch gestaltet und nennt es: *Das Leben ist kein Spiel* ... und das lesefreudige Volk reißt es ihm aus der Hand. Der Verblödungseffekt klatscht in die Hände.

*

Investigativ und nassforsch

Journalistinnen und Journalisten, die durch die Springer-Schule gegangen sind, hat man anscheinend mitgegeben, dass intensiver, investigativer, also wortgetreu: »aufspüren, erforschen, untersuchen«, gefragt werden soll. Ausgehend von erforschen ist wohl forscher draus geworden, was in vielen Fällen dann zu nassforsch gerät.

Frage eines Hinterfragers an Steinbrück: »Sind Sie ein harter Hund?« Ähnliche Fragen an Merkel sind mir nicht bekannt.

Bestes Beispiel lieferte *BILD* natürlich. Frage an den Bürgermeister von Neukölln Buschkowsky: »Sie nennen Ihre Kollegen Politschwätzer. Sind Sie auch einer?«

Das ist der Moment, wo ich Menschen bewundere, die daraufhin nicht sagen: »Wenn es so wäre, dass *BILD*-Journalistinnen beim Stellen von dummen Fragen in Atemnot geraten, dann wären sie jetzt grade erstickt, die dummen Kühe.«

*

Lesefreuds

Seehofer strahlend: »Neue Gesichter im Bayerischen Kabinett!« Ihm gegenüber Ilse Aigner. Farblos ein neues Gesicht ... äh fraglos ...

Gelesen: »Witze im Selbstsicherheitsrat.« Stand aber da: »Sitze im Weltsicherheitsrat.«

Erinnerung an frühere Jahre

ES WAR EINMAL IN PASSAU

Passau, diese wunderschöne Stadt an der Donau, bekannt durch ein Buch von Carl Amery, durch Hochwasser, durch eine starke bischöfliche Einstrahlung, durch eine große Anzahl von erfolgreichen Kabarettisten – Zimmerschied – Jonas – Klaffenböck – Fischer – und, nicht zuletzt, durch die *Passauer Neue Presse* und deren Gründer Johann Evangelist Kapfinger, spielte damals, zu Zeiten der Neugründung einer deutschen Republik, eine bedeutende Rolle in der deutschen Politik. Besser gesagt in der bayerischen Politik, die sich im Haus der Bundesrepublik eine eigene, abschließbare Wohnung ausbedungen hat. Diese Extrawurst, für den ersten Bundeskanzler der Nachkriegszeit, Konrad Adenauer, schwer verdaulich, wurde zu einem wesentlichen Teil in Passau gebraten und mit der *Passauer Neuen Presse* eingewickelt.

J.E. Kapfinger, der auf Grund der Tatsache, dass er während der Nazizeit ein aufrechter und zum Widerstand bereiter Katholik gewesen ist, bekam die höchst begehrte Lizenz, eine Zeitung drucken zu dürfen. Und das schon im Jahre 1946, in dem man nichts zu essen, nichts zu kaufen, nichts zu rauchen, nichts zu saufen, aber dann wenigstens was zu lesen hatte. Das, was man las, war die einzige Denkhilfe, die der Bürger bekommen konnte. Weder gab es das Fernsehen noch einen deutschen Radiosender. Der unterstand der amerikanischen Militärregierung.

Was Kapfinger in der *Passauer Neuen Presse* verkündete, war die Botschaft des Tages. Bestärkt durch die Kirche, die nicht besonders an dem Ruf zu leiden schien, dass sie die Nähe zu den Nationalsozialisten nicht nur gesucht, sondern durchaus gefunden hatte. Von diesen zwei Meinungsbildnern wurde das Wählerpotential geschaffen, das die CSU heute noch am Leben hält.

Genau wusste man es nie: Beherrscht der Bischof den Kapfinger oder Kapfinger den Bischof?

Der Herr der Presse aber war Kapfinger. Die Fäden, die er zog, reichten weithin, bis nach München. Hinein in den Landtag. Sein Besitztum vergrößerte sich. Es gehörten ihm Land und Leute und Ross und Reiter und auch ein paar Landtagsabgeordnete. Als er sein Land überblickte und sah, dass es gut war, trat zu ihm ein junger, gut genährter bayerischer Politiker, der, robust, selbstbewusst und intelligent, alles mitbrachte, was zu einem durchsetzungsfähigen bayerischen Landvogt gehören sollte.

Sein Name lautete: Franz Josef Strauß. Sie hatten sich zum Fressen gern und waren sich zum Duzen ähnlich.

Sie gründeten einen eigenen bayerischen Staat, der in einer lockeren Beziehung zum restlichen Deutschland stand. Dass beide mit der Zeit als sakrosankt galten, war lediglich eine Frage von Jahren.

Allerdings rief diese demokratisch verhüllte Passauer Oligarchie den erbitterten Widerstand der in Bayern nicht vermuteten, aber doch existierenden Sozialdemokraten hervor. Die beiden Oligarchen sahen verwundert, wie so etwas wie eine Opposition sich in München regte. Da saß ein Chefredakteur der *Süddeutschen Zeitung*, Werner Friedmann, regelmäßig vor den Kameras des *Bayerischen Fernsehens*, das ja eigentlich, meinten Kapfinger und Strauß, ihnen gehörte, und sprach ironisch verbeizte Kommentare, die auch noch viel gehört wurden und obendrein in der Zeitung standen. Und ab sofort setzte Kapfinger seine Truppen in Marsch:

die *Passauer Neue Presse,* die katholische Kirche, die CSU, Franz Josef Strauß, die Junge Union, die Burschenschaften, den Bayerischen Rundfunk, die Regensburger Domspatzen, den Christlichen Verein Junger Männer und die diversen Schützenvereine.

Friedmann sollte seinen Platz räumen. Der wiederum riskierte einen Ausfallschritt und entdeckte im Privatleben des Johann Evangelist Kapfinger ein paar erotische Abenteuer mit nicht einer, sondern mit einer Verstärkung, also mit zwei Damen aus dem bürgerlichen Milieu Passaus. Plötzlich tauchte das Wort Triole auf. Triolen-Kapfinger. Der wütende Gegenzug ließ nicht lange auf sich warten.

Kapfingers Schnüffeldienst war nicht faul und entdeckte eine ähnlich schwache Stelle im Leben des Friedmann. Eines Mittags jedenfalls wurde er verhaftet. Wofür? Warum? Spionage? Irgendwas mit der DDR? Nichts dergleichen.

Er soll es mit einer zu jungen Angestellten seines Hauses getrieben haben. Das hieß: Unzucht mit Abhängigen. Dass sie schon 16 Jahre alt war und von Vergewaltigung keine Rede sein konnte, spielte keine Rolle.

Natürlich diente der Prozess der Journaille als große moralische Empörungskampagne. Der alte, geile linke Bock, der das junge blühende, jungfräuliche Leben in die Linnen zwang, indem er ihr eine große Karriere versprach oder ihr versicherte, er würde sie hinauswerfen, wenn sie sich weigerte.

Hinzu kam, dass Friedmann, wie man vermutete, das Hotel zu teuer war und deshalb seinen Kolumnisten »Blasius«, also Siegfried Sommer, ermunterte, für eine Stunde spazieren zu gehen und sein Apartment frei zu machen. In Kapfingers Blatt glühten die Schreibmaschinen. Friedmann war erledigt. Seine bösartigen Kolumnen waren beseitigt. Die Moral, die Kirche und die CSU hatten eine Schlacht gewonnen.

Franz Josef Strauß hätte sich auch die Hände reiben können. Warum er ein wenig verhaltener jubelte, hatte einen Grund. Er hieß Siegfried Sommer. Dieser wurde, zum Missfallen seiner Leser, zu einer Gefängnisstrafe verurteilt. Ohne Bewährung. Er verschwand in Stadelheim. Aber ... er war ein Freund von Strauß. Der damalige Kuppelparagraph hatte noch einmal zugeschlagen.

Aber dadurch dreht sich der Wind. Der Fall war plötzlich ins Lächerliche gerutscht. Friedmann trat zurück vom Posten des Chefredakteurs der *Süddeutschen Zeitung* und verschwand für einige Zeit, Sommer wurde sehr bald wieder entlassen.

In die Geschichte Münchens und seiner Gesellschaft aber ging er auch durch die bemerkenswerte Art seines Wiederkommens ein. Er war Mitglied eines Tennisclubs am Tivoli. Nach seiner Entlassung ging er sofort wieder zum Tennisspielen. Er betrat die Terrasse oberhalb der Tennisplätze. Alle sahen Siegfried Sommer, und es trat eine beklemmende Stille ein.

In die atemlose Stille hinein schmetterte die Stimme von Sigi Sommer: »Wo ist hier der Platz für die Vorbestraften?« Ein gewaltiges, erlösendes Gelächter beendete die Affäre.

Das heißt, eine kleine Nachwehe war noch zu verzeichnen. Eines der Blätter, das sich lautstark beteiligt hatte an der Verspottung des Werner Friedmann, wurde zu dieser Zeit von dem Chefredakteur Heizler gelenkt. Heizler tat sich in seinen Leitartikeln gern als Anhänger der herrschenden Partei hervor und freute sich des vermeintlichen Sieges.

Eines Tages flatterte, so wird erzählt, dabei war ich nicht, ein Telegramm auf den Tisch des Heizler mit der Mitteilung: »Habe soeben die *Münchner Abendzeitung* gekauft. Gruß Friedmann.«

Daraufhin soll Heizler aufgestanden sein, hätte seine Füllfederhalter zugeschraubt, seine Schublade entleert und hätte den Zug nach Köln bestiegen.

Dort wurde er später wiederentdeckt als Chefredakteur der *Kölnischen Rundschau.*

REDE IN NEW YORK IM JAHR 2001

Guten Abend, meine Damen und Herren. In Deutschland gibt es wenige Orte, in denen ich noch nicht aufgetreten bin. Ich weiß, dass man hier in den USA, um in New York auftreten zu dürfen, sich erst jahrelang durch die Provinz anschleichen muss.

Sollten Sie noch nie etwas von mir gehört haben, macht das nichts, es gibt auch im hinteren Sachsen Orte, in denen man mich noch nie gesehen und gehört hat.

Die Wiedervereinigung ... wobei in weiten Teilen der USA gar nicht bekannt gewesen sein soll, was da mit wem vereinigt werden musste. Das hat mich mit hoher Befriedigung erfüllt, weil damit mein Verdacht bestätigt wurde, dass wir Deutschen uns aus Tradition immer viel zu wichtig nehmen.

Trotzdem kommt der amerikanische Präsident immer mal wieder zu uns, marschiert brav an unseren Ehrenkompanien vorbei, grüßt die vielen Schulklassen, die ihm zujubeln, immer wenn große Staatsmänner kommen, kriegen die Kinder jubelfrei und Fähnchen in die Hände, also ich mache praktisch heute den Gegenbesuch.

Mr Clinton, das hat man gleich gemerkt, ist nicht nach Europa gekommen, um es zu besichtigen, sondern mehr, um zu beschwichtigen, und wir haben sofort gedacht, jetzt geht die Sache mit den blöden Raketen schon wieder los, aber er hat sofort abgewinkt und gesagt, wir Amerikaner sind absolut tolerant, wir erlauben auch Europäern durchaus unserer Meinung zu sein. Macht euch keine Sorgen um Washington, wir machen schon, was wir wollen. Und was genau? Also, wenn's losgeht, erfahrt ihr's schon. Wie im Kosovo.

Als unser Bundeskanzler, der Herr Schröder, der dem Clinton im Strahlen durchaus ebenbürtig ist ... unsere Strahlenschutzbehörde ist ganz unruhig geworden, als sie dann beide ... das grenzte schon an Emission, als unser King of Smiling ... es gibt Politiker, bei denen man sich noch lange nach ihrem Abtreten an nichts anderes erinnern kann als an dieses Lächeln. Meine Mutter hat immer zu mir gesagt: »Schneid keine Grimassen – das bleibt dir eines Tages!«

Als Schröder auf der deutschen Weltausstellung in Hannover ... ausgerechnet Hannover kriegt so was an den Hals. Eine Weltausstellung! Als Schröder neben Clinton den Satz in die Menge rief: »Arm in Arm mit dir will ich in die Geschichte verschwinden ...« Moment, nein, hat er nicht gerufen, aber irgendeinen anderen Blödsinn. Und da kuckte der Clinton immer so verstohlen nach hinten. Er suchte was oder wen. Heute weiß ich's. Er suchte den Kohl. Aber der ist im Strom seiner Parteispendenmillionen abgetrieben worden.

Wir haben jetzt in Deutschland eine andere Zeitrechnung. Vorher sagte man: Das war vor der Wende oder nach der Wende. Jetzt sagt man: vor der Spende oder nach der Spende.

Kohl war plötzlich von Millionen umflossen. Und er wusste einfach nicht, von wem die gekommen waren. Heute rutscht noch die eine oder andere Million vorbei und er sagt: »Ja, du kleine Million, wo kommst denn du her?«

Er hat sein Ehrenwort gegeben, dass das nie rauskommen wird. Jedenfalls vorne nicht. Sein berühmtester Satz war ja: »Wichtig ist, was hinten rauskommt.«

Abschließend kann man sagen: Politiker haben in der Regel saubere Hände. Das ist auch klar, denn es heißt ja ausdrücklich: Eine Hand wäscht die andere.

Das Ende eines Parteienskandals zeichnet sich immer ab, wenn der Untersuchungsausschuss seine Arbeit aufgenommen hat, nämlich das Beweismaterial verschwinden zu lassen. Daran wird sich nie etwas ändern.

Man kann nicht mit der Faust auf den Tisch hauen, wenn man die Finger überall drin hat.

WEG VOM FENSTER

Sie sind da, Sie sind gekommen. Aber bei Ihnen weiß ich, dass Sie mit einer gewissen Freiwilligkeit hergekommen sind. In so einem Wahljahr wie diesem ... es wimmelt von Wahlen ... wimmelt es in der Stadt von Drohungen. Da liest man auf den Plakaten: »Rüttgers kommt – Seehofer kommt – Steinmeier – Steinbrück –«, alle drohen sie, dass sie kommen.

Manche kommen, und die kennt keiner. Aber sie kommen.

Magath kommt. Da erschrickt man in Schalke. Und die Parteien erschrecken auch und sagen: Magath hau ab und lenk sie nicht ab von der westfälischen Splitterpartei, der SPD. In ihrer Ratlosigkeit wählen die womöglich den Felix.

Es ist natürlich übertrieben, wenn immer öfter behauptet wird: Die SPD ist weg vom Fenster. Was heißt denn das? Die gehen gar nicht mehr ans Fenster. Früher hatte das noch Bedeutung.

Als Willy Brandt beim Besuch der DDR in Erfurt war, stand unten vor dem Fenster des Hotels eine jubelnde Menge und forderte: »Willy ans Fenster!« Hat er gemacht. Jubel! Und neben ihm der Ostwilly, der Willi Stoph, und da haben sie unten geschrien: »Willi Stoph weg vom Fenster!«

Und das war er dann auch. Weg vom Fenster! Das ist heute anders.

Wenn der oberste Zwerg der Deutschen Bank, Ackermann, Josef der Malus-Sepp, endlich einknickt und sagt: Um die Dividenden zu erhöhen, brauche ich Geld vom Staat, und alle sagen: Der Mann wirft unser Geld für die Aktionäre zu ebendiesem Fenster hinaus, ist er aber nicht weg vom Fenster. Jedenfalls kuckt er da nicht mehr raus, sondern zu einem ganz anderen.

Der Mann hat es als erster Banker geschafft: zurückzutreten, einen Nachfolger vorzuschlagen, den Nachfolger zu erledigen, und zwar so, dass er weg vom Fenster war, den Nachfolger des gestürzten Nachfolgers vorzuschlagen, nämlich sich selber.

Ackermann ist sein eigener Nachfolger und schaut wieder aus dem Fenster der Deutschen Bank. Wahrscheinlich mit einem millionenstarken Bonus für den Einfall. Man kann immer nur ahnen, was hinter den Fenstern einer Bank geschieht.

Im Schatten dieser krisenanfälligen Demokratie machen sich wieder die wichtig, die sie abschaffen wollen beziehungsweise die ihnen von ihrem eigenen Volk aufgedrängt wurde … nicht die Rechten … Moment, sind ja doch Rechte: die wackeren Kämpfer für die Wiederherstellung der DDR. Von der sie behaupten, sie wäre was Linkes gewesen. Ich mach's kurz: Egon Krenz.

Der letzte Honecker der Deutschen Demokratischen Republik. Krenz lebt. Er hat eine eigene Zeitung. Die heißt *Rotfuchs,* und in der schreibt er: »Genossen. Es geht darum, unser Pulver trocken zu halten im gegnerischen Trommelfeuer.«

Abgesehen davon, dass es komisch ist, wenn Krenz die Tatsache, dass die alten Politbüro-Rentner längst vergessen sind, von einem »Trommelfeuer« spricht, bloß weil mal bei ihm zwei Journalisten angeklopft haben, um rauszukriegen, was die alten Säcke noch so machen, wenn das ein Trommelfeuer ist, dann ist ein Stasifurz ein Gewitter.

Vergessen wir's: Die Wiedervereinigung in ihrem langen Lauf hält weder Ochs noch Esel Krenz nicht auf.

Esel! Plötzlich steht der Esel im Blickpunkt. Überall an den Schnittpunkten des intellektuellen Lebens wird die Frage erörtert, warum beim Kauf eines Esels 19 Prozent Mehrwertsteuer erhoben wird, wenn Sie aber einen Maulesel feilhalten, Sie nur 7 Prozent verlangen dürfen. Weil der Maulesel eine größere Nähe zum Pferd hat und das Pferd den Mehrwert – Steuerschutz als deutsches Kulturgut ge…

Es ist schwer bei Wahlrednern zu unterscheiden, wer nun der 7-Prozenter ist und wer der 19-Prozent-Esel. Noch schwerer, wenn es sich um dieses sogenannte Kopf-an-Kopf-Rennen handelt und man genau weiß: Es sind zwei Arschlöcher.

DAS WIRTSCHAFTSWACHSTUMS-
BESCHLEUNIGUNGSGESETZ

Zunächst mal eine Frage direkt an Sie: Möchten Sie heute Guido Westerwelle sein?

Also ich nicht. Aber das Verblüffendste ist: er schon. Natürlich. Wann hat man sich schon so ausdauernd und so intensiv mit diesem Selbstentäußerungsphänomen beschäftigt?

Presse, Rundfunk, Fernsehen, Stammtische sind mit Guidomüll verstopft. Im vorigen Jahr hat man noch gescherzt mit

der Voransage, dass Westerwelle Außenminister wird. Aber so richtig geglaubt hat's keiner. Er glaubt's ja heute noch nicht.

Er glaubt, dass er Bundeskanzler ist. Er hat verkündet: Ich will den Sozialstaat umkrempeln, ich will die Steuern runter und die Soziallasten und die Kündigungsfrist und überhaupt den ganzen Kommunismus abschaffen und den Mindestlohn weglachen, und wenn die Hartz-IV-Parasiten dann genauso viel verdienen wie die Minderverdienenden, dann müssen die Hartzvierer eben runter von ihrem Ross und sich von den Äpfeln ernähren ... und wenn dann einer fragt: »Und was sagt Ihre Kanzlerin dazu?«, fragt er irritiert zurück: »Meine was?«

Ich glaube, der Mann muss nicht mehr gewählt werden, der muss nicht zur Vernunft gebracht werden ... der Westerwelle muss zum Arzt.

Er will immer noch, und allen Ernstes, in einer Zeit, in der wir kriminell werden müssen, damit wir ein paar Milliarden aus der Schweiz heimholen können, das heißt, wir müssen unsere Steuern zurückkaufen, und genau da senkt Guido, die spätrömische Heißluftquelle, die Steuern. Ein Rieseneinfall.

Mann! Der Unterschied zwischen einem Ausnahmeeinfall und einem Einnahmeausfall ist beträchtlich.

Die regierende Merkel hat sofort reagiert. Sie hat sich zurückgezogen und in aller Stille auf einen uckermärkischen Tisch gehauen. Das wäre nicht ihr Stil, hat sie laut und vernehmlich geflüstert.

Aber dass ein solches Theater um das bisschen, was er da gesagt hat, entsteht, ist erstaunlich. Man hat's doch gewusst. Noch im vorigen Jahre hat er gerufen, er sähe Licht am Ende des Tunnels! Er wird, dachten wir, aus der Bundesrepublik etwas Neues machen. Heute wissen wir's: Nämlich aus der spätrömischen Dekadenz, in der die Massenmörder Diokletian und Caracalla durch die Straßen ritten und den Armen Goldstücke in die aufgehaltenen Sozialschürzen warfen wie heute beim Karneval die Narren die Hustenbonbons, die frühgermanische Nimmdirwasdukannst-Republik zu schaffen. Immer hatte man bei Guido die Angst: Gleich sagt er was Dummes. Und das Dumme ist ... dann sagt er's auch.

Einer sagt was, und jeder sagt: »Na ja, warum nicht?« Er sagt nur manchmal, das hat die Kanzlerin gesagt, Falsches zur falschen Zeit. Nun fragt man sich: Soll er Falsches zur richtigen Zeit sagen? Dann ist es doch trotzdem falsch.

Es sei denn, er sagt Richtiges zur falschen Zeit. Das ist dann aber auch nicht richtig. Richtig wäre es, wenn er falsch und richtig zur richtigen Zeit mit dem Falschen verbinden könnte, dann wäre das Gesagte richtig falsch.

Das ist alles richtig blöd, weil es uns keinen Schritt vorwärts bringt, wobei vorwärts vielleicht gar nicht richtig ist, weil es nicht ein Schritt in die richtige Richtung wäre, jedenfalls nicht zur falschen Zeit, weil zur richtigen Zeit rückwärts richtig sein könnte, wobei zu berücksichtigen ist, dass vorwärts und rückwärts in jedem Fall falsch ist, denn es geht um abwärts, also um rauf oder runter, und so steht die Frage aufwärts im Raum:

Ist jetzt rauf richtig? Oder runter falsch?

Und da sieht man wieder, vor welch schwierigen Fragen wir stehen.

Zum Beispiel vor der Frage: Nehmen wir die, die wir wählen, zeitlich so in Anspruch, dass sie zu nichts mehr kommen, unter anderem das Grundgesetz zu lesen? Sind wir vielleicht schuld daran, dass sie im entscheidenden Moment Amnestie mit Amnesie verwechseln?

Oder wie nennt man das, wenn einer die Beziehung zu dem, was er getan hat, völlig abgebrochen hat? Einen »Koch-out«? Wenn das Ereignis dem Hirn Nachtruhe verordnet?

Wie Franz Josef Strauß, der die *Spiegel*-Affäre in Gang gebracht hat, mit den Worten vor das Parlament trat: »Meine Damen und Herren, ich versichere hiermit, dass ich mit der von mir betriebenen Affäre nichts zu tun habe.«

Wahrscheinlich können sie nichts dafür. Was ich getan habe, kann ich gar nicht getan haben, weil's ja verboten ist. Sagen sie.

Für diese absolut überzeugende Darlegung wird er dann wieder gewählt, der MP Rüttgers. Vermutlich schadet der Koch-out dieses rheinischen Karnevalisten Rüttgers niemandem.

Und es war ja auch der Herr Wüst, sein Generalsekretär. Und der hat seinen Chef auf den Markt geworfen. Rüttgers ist käuflich, hat er annonciert. Wer genug Geld hat, kann mit ihm ein Wählerstündchen abhalten. Ein Mittagessen mit dem Ministerpräsidenten 20 000 Euro. Mit Foto 22 000 Euro. Mit Händedruck und Foto 25 000. Für 100 000 kommt er auch ins Haus. Küssen ist umsonst, das zahlt die Kasse.

In Sachsen ist es ähnlich. Aber die haben noch keinen Euro eingenommen. Will ich Tillich küssen als Geldgeber?

Das Ganze ist aber, sagt die rheinische CDU, keine neue Art von Parteispende, das ginge ja nicht, das ist nicht erlaubt. Nein, das heißt Sponsoring, und das darf man.

Die Opposition sagt dazu: Prostitution. Was wiederum den Generalsekretär von der FDP empört, den Herrn Lindner, den mit Recht unbekannten Azubi aus den personellen Restbeständen der Liberalen, der dann sagt, dass öffentlich über diesen öffentlichen Sittlichkeitsverfall geredet wird, sei eine »schäbige Diskussion«.

Den Mann sollte man noch mal in die Pfanne hauen, der ist noch nicht ganz durch.

Rüttgers trifft das alles nicht, weil er überhaupt von nichts gewusst hat. Was kann ein Parteivorsitzender schon wissen!

Irgendwann hätte er seine Sekretärin gefragt: »Ich habe heute schon wieder mit einem Vorstandsvorsitzenden von Siemens gegessen und der hat die Rechnung bezahlt. Wie kommt denn das? Morgen mit Frau Quelle-Quandt in der Sauna …«

Natürlich weiß die CDU in Düsseldorf, was sie tut. Sie sagt: Wenn ein gut bezahltes Mittagessen mit Rüttgers stattfindet, muss bedacht werden, dass Rüttgers ja hier nicht als Ministerpräsident, sondern lediglich als Parteivorsitzender speist. Nie wird also der Ministerpräsident von dem Vorsitzenden erfahren, was der Sponsor von ihm will. Für sein Geld.

Verliert jetzt die CDU im Mai die Wahl? Mitnichten. Warum? Weil jetzt der Parteivorsitzende Rüttgers jeden Wähler zum Essen einladen wird. Wird nicht teuer. So viele werden's ja nicht mehr sein.

Und jetzt geht es aber los mit dem Regieren. Es muss schnell gehen, denn in zwei Jahren heißt es schon wieder: Das können wir erst nach den Wahlen entscheiden.

Aber wenn ich mich recht erinnere, sind doch alle kleingewordenen Großparteien bestens vorbereitet. Ein halbes Jahr haben sie sich gegenseitig auf die Schultern geschlagen, weil sie so weit in die Zukunft geschaut haben. Ein Konjunkturprogramm haben sie in den Schubladen. Man weiß nicht, was drin ist, weil sie es immer als Paket verschnüren. Aber es soll uns aus der Talsohle heraushelfen, in der wir rettungslos stecken … umgeben von Schuldenbergen und gepackt von der Zinsenzange … wobei wir nicht nur in der Talsohle sind, nein, in der Talsohle ist noch ein Loch! Aber das ist nun mal so.

Und man muss den neuen Abgeordneten gleich sagen, damit sie sich keine großen Illusionen machen: Politiker sind nicht dazu da, etwas zu ändern, sondern dazu, den Menschen zu erklären, dass es nicht zu ändern ist. Das muss genügen.

Und trotzdem schnüren sie jetzt das Paket auf, damit die Kaufkraft des kleinen Mannes gestärkt wird: Sie wollen den Eingangssteuersatz senken, den Grundfreibetrag heben, die untersten Einkommen gezielt entlasten, da profitiert der Geringverdiener, da jubelt der Konsumverursacher, da lidelt der Aldi, da klatscht Lidl in die Hände, und die CDU will noch dazu eine Schuldenbremse, und eine Beitragserniedrigung für Krankenkassen, und das Kindergeld soll höher und die Steuern runter und es wird einem ganz schwindlig vor so viel Unterschichtenbalsam.

Aber wenn man nachrechnet: Dem kleinen Mann mit seiner kleinen Frau wird nachhaltig geholfen. Damit er wieder mehr kauft. Im Ganzen kriegt er jetzt 49 Euro mehr im Monat!

Da muss ihn ja der Kaufrausch erwischen. Man fühlt sich, um einen derberen Ausdruck zu vermeiden: vergesäßifiziert. Wir sind umzingelt von Genies, die uns aus der Krise reden, die sie verursacht haben.

Der Satz ist vergessen worden, mit dem ein großer Politiker im Parlament des Deutschen Reiches alle Großmäuler zum Schweigen gebracht hat, und der lautet:

»Sie müssen nicht glauben, dass man dadurch, dass man Minister wird, sofort wesentlich klüger wird.« Gesprochen am 28. Januar 1884. Von Otto von Bismarck.

Man wird ja immer misstrauischer … sollte es sein, dass es schon Menschen gibt, die nicht mehr wissen, wer Bismarck war?

Als man einem Fernsehredakteur den Vorschlag machte, einen Film über den ziemlich berühmten Filmregisseur Helmut Käutner zu machen, fragte er zurück: »Wer ist dieser Fuzzi?«

Wir sind umzingelt von ganz schlauen Leuten, die uns in TV-Gesprächsrunden beglücken mit Prognosen. Die Weisheit tropft ihnen aus den Outputorganen, also aus den Münden, und sie sondern Merkenswertes ab. Zum Beispiel den weisen Satz: »Prognosen sind schwierig. Vor allem, wenn sie die Zukunft betreffen.«

Dafür hat man den Fernsehapparat.

Und die klügste Prognose stammt von einem Müsliforscher aus dem schweizerischen Minarettikon. Er sagte: »Der nächste Aufschwung kommt von unten.«

Stimmt. Von oben kommt nichts.

Nicht einmal eine Erklärung dafür, warum fast sämtliche Landesbanken in Bayern, Hessen, Nordrhein-Westfalen, Schleswig-Holstein, Baden-Württemberg in den Spitzenpositionen mit Betrügern, Veruntreuern, Spekulanten und Dilettanten durchsetzt sind. Fing an in Bayern. Die Bayerische Landesbank unter der Kontrolle des Finanzministers Erwin Huber ... kennt man vielleicht noch ... Huber, das intellektuelle Zentrum Bayerns, der diese erste schreckliche Wahlniederlage verursacht hat ... stimmt gar nicht, gab er zum Besten: Es lag an diesem strengen Rauchverbot. Und dann hat er es gelockert.

Nur die Sprache war komisch. Er sagte, das Rauchverbot ist auf der Kippe ... ich weiß nicht.

Und prompt gingen die Raucherhasser auf die Straße, und jetzt werden in Bayern die Raucher aus den Städten evakuiert und in eigene, neugegründete Raucherstädte eingewiesen, wo das bayerische Rauchtum geschützt werden kann, und die kleinen gelb eingemalten Rauchervierecke auf den Bahnsteigen der Bahn AG werden in die Klos verlegt. In die Raucherklos. Aber zurück zu den Gewohnheitskriminellen in den Chefetagen der deutschen Banken.

Die Bayerische Landesbank hat eine österreichische Pleitebank, diese Adria, eingekauft, als die schon die letzte Ölung verlangt hat. Und das noch zu einem Preis, der um 400 Millionen zu hoch war. Und jetzt will es keiner gewesen sein. Nicht der Huber, nicht der Stoiber ... keine Ahnung, sagen sie, kein Kommentar.

Da war ich schon weg, sagt der Stoiber, da war ich noch gar nicht da, sagt der Huber.

Aber eins ist sicher: Der Intelligenzwert bei dieser geisteskranken Transaktion wird inzwischen in Huber gemessen. Stoiber soll 3,2 Huber haben. Aber das verspielt sich.

Und dann wählen wir die wieder alle, die nicht aufgepasst haben, als unsere großmächtigen Geldjongleure unser Geld verzockt haben. Die sitzen inzwischen alle wieder überlegen in den Renommierrunden bei Wille und Wulle und was weiß ich wer noch und verzocken bereits wieder das Geld, das ihnen der Steuerzahler angelegt hat, damit sie wieder flüssig sind. Ich weiß nicht, wo ich mir da hinfassen soll, der Kopf ist mir zu schade dafür.

An Amerika können wir uns nicht mehr anlehnen. Obama hat mit sich selber zu tun, und wenn Westerwelle im Weißen Haus auftaucht, wird er nicht vor Freude jauchzen, sondern brummen: »Diese müden, alten Säcke in Europa können mich am Arsch lecken«, und die Europäer sagen: »Yes, we can.«

Aber wir dürfen den Mut nicht verlieren. In Europa haben wir Beistand. Oettinger aus Baden-Württemberg ist in Brüssel. Ein anständiger Mann, der in Stuttgart keine Lücke hinterlassen hat. Die hat er mitgenommen. Nach Brüssel.

Wir sind nicht allein in Europa. Wenn Ängie, die Zauderhafte, ... im Moment wird sie gerade wieder ganz schlecht fotografiert, das zeigt immer den jeweiligen Beliebtheitsstand an der VIP-Börse ... zugegeben, man muss als Fotograf schon manchmal ein bisschen warten, bis man ihre Anmut ...

Aber ich weiß, wenn sie in Schwierigkeiten kommen sollte, kommt sofort der Sarkozy aus Paris ... der ist als Schlichtungsfeuerwehr zu gebrauchen. Wenn man dem sagt: Bring uns den Bin Laden, braust der ab. In zwei Tagen hat er ihn. Egal, wer's dann ist.

Wenn's irgendwo brennt, geht der Sarkozy mit dem kleinen Berlusconi zweimal unterm Verhandlungstisch auf und ab, und die Sache ist erledigt.

Die einzige Sorge bleibt allerdings, nach diesem Winter, ob Putin nicht eines Tages mit seinem Ferngas in unsere Politik eingreift. Mit dieser neuen Schröder-Line, der Gaspipeline ... wenn die dann fertig ist, und Putin, der Schutzheilige der Journalisten, ist sauer, weil wir dagegen sind, dass ein russischer Milliardär das Brandenburger Tor kaufen will, und Putin dreht uns das Gas ab.

Sehen Sie, und da haben wir kein Problem, weil dann Gerhard Schröder seinen Freund anruft und sagt: »Putin, dreh den Gashahn auf.«

So geseh'n ist Schröder unsere Zentralheizung.

Und langsam kommt der Gedanke auf: Mann, wir haben damals Mist gewählt. Mit der Ängie kriegt man langsam kalte Füße. Ich frage mich immer: Wähle ich falsch oder sind's die anderen? Oder anders: Sollen die Sozialdemokraten überhaupt noch Wahlkampf machen oder abwarten, bis die Wähler sich wieder an sie erinnern?

Bei der letzten Wahl war schon der Ansatz, sich zu Wort zu melden, falsch. Es muss ihnen irgendwie die Sprache abhandengekommen sein.

Der ehemalige Scholz, also der Minister Scholz, hat tatsächlich auf die Frage, warum's denn so schlecht ausgegangen sei, gesagt: »Es lag an der Verkaufe.« Die Verkaufe. Das grassiert.

Ich weiß, dass Sie zur Tanke fahren. Und einer hat mir gesagt, er hätte eine ganz andere Denke. Woraufhin ich sagte: Da hätte ich aber eine Staune. Und da sah ich deutlich, dass er eine Stutze ins Gesicht bekam. Also in seine Kucke. Wenn einer so eine Spreche hat, dann muss er keine Wundere haben, wenn er eine falsche Wähle kriegt. Das fällt keinem mehr auf.

Neulich machte ich eine Schalte in den Niveauversenkungskanal RTL und sah den Pöbelpapst ... dieser Bohlen hat so ein Gesicht, von dem man sagt: Das gehört eigentlich in die Hose. Und der schnauzte eins von diesen Piepsmädchen an, die Superstar werden möchten. Einmal äußerte sich Bohlen zum Beispiel so: »Der Mensch hat mehrere Öffnungen, eine ist zum Singen da. Du musst eine falsche benutzt haben. Es klingt Scheiße.«

Ein Höhepunkt der kollektiven Heiterkeit! Spitzeneinschaltquote.

Eine Woche später Staatsbegräbnis der deutschen Volksmusik im MDR. Florian Silbereisen, Hinterseer, das personifizierte Alpenglühen, Marianne und Michael und der Sachsenschreck Menzel mit der lustigen Trauerrede ... es dudelt und strudelt und nudelt und kracht und jodelt und odelt ...

Standing Ovations – Jubel – Tränen der Begeisterung, und es dampft aus den Lederhosen. 10 000 Menschen im Schnulzenrausch!

Und dann fiel mir jäh ein: Mein Gott, die wählen ja alle!

Und da stellt sich die Frage: Sind die Wahlkämpfe zu intellektuell angelegt? Man soll ja als Wähler dabei nicht ins Grübeln kommen.

Kommt man aber, wenn plötzlich das Wachstum ... Wachstum kommt und geht ja wie das Wetter, kann man gesetzlich nicht beeinflussen. Das Wetter. Oder gibt es eine Lex Kachelmann?

Für das Wachstum, ja. Es gibt einen Vorschlag für das Wirtschaftswachstumsbeschleunigungsgesetz. Aber dazu gibt es bereits einen Reformvorschlag. Die Wirtschaftswachstumsbeschleunigungsgesetzreform. Offenbar kann man Wachstum gesetzlich beschleunigen.

Viel wichtiger wäre ja, meine ich, ein Gesetz, das sinkendes Wachstum verbietet. Ich glaube, die FDP arbeitet daran. Erstaunlich, was sie für Einfälle hat. Wer mag wohl auf die Idee mit der Mehrwertsteuerreform gekommen sein? Der sollte ausgestellt werden. Sie ist allerdings ein bisschen kompliziert.

Wer muss jetzt nach wie vor 19 Prozent zahlen und wer darf nur 7?

Lesebücher kosten 7 – Hörbücher 19.

Hörgeräte 7 – Lesebrillen 19.

Salzkartoffeln 7 – Süßkartoffeln 19.

Noch komplizierter wird es mit den Hotels. Warum, weiß nur der, der weiß, dass das eine kleine Gefälligkeit gegenüber dem Großgrundbesitzer, dem bayerischen Grundfink, darstellt, der die höchsten Parteispenden für die FDP ... na ja, und der besitzt ein paar Hände voll Hotels ... da scheint es Zusammenhänge zu geben.

Jedenfalls kostet das Zimmer jetzt bloß 7 Prozent Mehrwertsteuer.

Statt vorher 19. Das Frühstück aber kostet 19.

Allerdings: der Kaffee schwarz 7 – mit Milch 19.

Dusche 7 – Wanne 19.

Schlafen kostet 7 – mit Dame 19.

Wenn Sie dann in der Rezeption anrufen: Ich habe fertig, ab jetzt schlafe ich – wieder 7.

Nicht geklärt ist, was berechnet wird, wenn jemand währenddessen einschläft. Während des Frühstücks.

Aber wir sehen, dass der Verdacht, es gäbe in Deutschland Einschränkungen, was die Freiheit betrifft, auf solchen Schwachsinn zu kommen, unbegründet ist. Es gibt kein Verblödungswachstumsbegrenzungsgesetz.

Es gibt nicht nur Gesetze zum Schutze der Schwachen und Minderbemittelten. Es gibt jetzt auch Gesetze zur Gleichstellung der Bemittelten.

Endlich wird auch einmal an die gedacht, von deren Armut nie die Rede war. Immer waren die Armen arm. Von der Ungeheuerlichkeit, dass jetzt die Reichen immer ärmer werden, redet niemand, nur sie selbst. Die Reichen. Man muss auch einmal die Sache aus ihrer Sicht sehen. Sie haben sich ja ohne eigenes Verschulden in ihre eigenen Fehlinvestitionen gestürzt.

So ein Laie wie ich wundert sich natürlich, wenn eine große Firma plötzlich eine todkranke andere Firma einkauft und sich damit gesundstoßen will. Ich habe das dumme Gefühl, dass das nicht funktioniert.

Und plötzlich steht eine arme Frau Schaeffler nahezu mittellos, höchstens noch 20 Millionen, vor uns. Mit dem Armwerden haben die Reichen eben keine Erfahrung. Auch die arme Frau Versandkatalog meint, sie sei um 100 Prozent ärmer.

Und da jammern Hartz-IV-er, wenn man ihnen 100 Euro streicht.

Die Frau Schickeschaeffler verliert mit einem Schlag zehn Millionen! Daran sind natürlich die Banken schuld. Nicht die Politiker. Die sitzen lediglich in den Aufsichtsräten der Banken. Dafür beziehen sie keine Schelte, sondern Vergütungen. Für Verhütungen sind die nicht zuständig.

Außerdem haben sie nach der großen Pleitewelle erklärt, dass die Sache nicht so aufregend ist, wie wir tun. Weil das Geld, um das es geht, niemand gesehen hat. Es war nie da!

Also: Das Geld, das fehlt, ist in Wirklichkeit gar kein Geld. Das Geld, das weg ist, gibt's gar nicht. Es ist nur eine Metapher. Versuchen Sie mal mit ein paar Metaphern einkaufen zu gehen. Wir reden über wegges Geld.

Meine Damen und Herren, sollten Sie in den Krisen Geld verloren haben. Bleiben Sie heiter – Ihnen fehlt nichts.

WÄHL DEN, DER LÜGT

Kenner der Münchner Kabarettszene, Zeitgenossen der Schwabinger Brettlblüte, Liebhaber des klassischen Theaters, mit einem Wort, ältere Menschen, verstehen sofort, auf welches Stück sich dieses Wortspiel bezieht, nämlich auf *Weh dem, der lügt* von Franz Grillparzer. Die *Lach- und Schießgesellschaft* in der Haimhauserstraße spielte dieses so betitelte Programm selbstverständlich vor einem wissenden Publikum; wissend über Inhalt und Aussage der Komödie, die sich im kirchlichen Bereich befindet und vom Lügen dringend abrät.

Es war das Jahr 1961, ein Wahljahr, und unser Programm mittendrin im Wahlkampf. Hauen und Stechen. Die Schwarzen eine Folgeinstitution der Nazis, die Roten die Befehlsempfänger Moskaus. Alles wie üblich. Lügen war Ehrensache. Glauben Privatsache. Die Demokratie, so frisch und so jung noch, schmutzte schon.

Man war der Adenauerei ein wenig müde geworden. Hoffnung kam auf, dass in einigen Teilen Westdeutschlands der Wunsch nach einem Regierungswechsel aufkommen könnte.

Was mich betrifft, so war ich als Vertriebener nach Bayern verschlagen worden. In der Oberpfalz durfte ich zum ersten Mal meine Stimme abgeben. In einem kleinen Marktflecken bei Weiden. Die Vermutung, dass in einem kleinen Ort zu wählen den Vorteil hat, unbeachtet und anonym sein Kreuz machen zu können, ist völlig falsch. Je kleiner der Ort, umso geheimer die Wahl, ist eine Behauptung, die schon gleich beim ersten Mal widerlegt wird.

Als ich die Kabine verließ und mich die Augen des Apothekers, des Gastwirts vom »Gockel« und des ehemaligen Ortsgruppenleiters der NSDAP, inzwischen zweiter Bürgermeister, misstrauisch verfolgten, ahnte ich schon, dass sie wussten, wohin ich gehöre. Protestant, Flüchtling und rot?

Als ich den Ort endgültig verließ, sagte der zweite Bürgermeister: »Jetzt haben die anderen einen weniger.«

In München angekommen, erfuhr ich zwingend und in aller Schärfe, dass mein Fehlverhalten dazu führen wird, was auch von den Kanzeln schallte und der *Bayernkurier* prophezeite: »Der Russ, er kommt!«

In den folgenden 30 Jahren verfolgte ich gespannt, wie sich die Wirklichkeit zu dieser Vision verhielt. Die Wahlergebnisse ließen darauf schließen, dass die Wirklichkeit chancenlos blieb.

Bayern hielt sich für die Ostmark gegen den Bolschewismus. Da weht kein Mantel der Geschichte, da zipfelte der alte Waffenrock. Und darunter konnte man Geschäfte aller Art gut verbergen. Ohne den bayerischen Wähler zu beeindrucken, wurde geschwindelt, wurden Steuern hinterzogen, Provisionen erschlichen, verrieten »Whistleblower« Tatverdächtigen, dass sie Hausdurchsuchungen zu erwarten haben, schossen Multimillionäre ihre Millionen um Haaresbreite am Fiskus vorbei, direkt in die Schweiz, glätteten Minister jede Aufregung, wurde so manche Hand gereicht zu mancher Handlung, die nicht unbedingt von den Gesetzen gedeckt war.

Natürlich gab es Untersuchungsausschüsse, ich erinnere mich an die tapfere, unermüdliche Sozialdemokratin Carmen König, die jedes Mal an der Mehrheit der Union scheiterte, die ihr die Akteneinsicht verweigerte. Carmen König zog sich enttäuscht zurück.

Einen Ersatz hat die bayerische SPD nicht mehr gefunden. Manchmal hat man den Eindruck, dass auch sie sich enttäuscht zurückgezogen hat. Als sich in allerjüngster Zeit anbot, den Fall Mollath zu untersuchen und eine Position zu beziehen, winkte einer ihrer Fraktionsvorderen ab, das wäre kein Thema für den Wahlkampf.

ZUM AUSKLANG

Um ein Nachwort kommen Sie nicht herum! Ich möchte Ihnen eine im Innersten wahre Lügengeschichte erzählen, die sich nachweislich mit mir ereignet hat.

Es war einmal ein nicht unbekannter Fernsehsender, der auf die Idee kam, es war vor ungefähr 25 Jahren, mein Leben zu verfilmen. Mein erster Verdacht war, dass es sich um eine Nachrufsendung handeln könnte. Das hat man entrüstet zurückgewiesen. Nein, meinte der Produzent, ich als Pars pro Toto, als Überlebender des Krieges, als einer der Letzten, die noch wissen, was Hunger ist ... und die darauf folgende Entwicklung zum Kritiker der Satten ... so ähnlich.

Ich sollte das Drehbuch schreiben. Ganz einfach, dachte ich, ich schreibe hin, was war.

Eine, wie sich herausstellte, törichte Vorstellung. Ich sollte das Leben gelebt haben, das sich die Redakteure vorstellten. Mein Vater, ein Landwirtschaftslehrer aus Brandenburg, wurde zum SA-Gruppenführer im Warthegau, meine Mutter zur Leiterin einer NSV-Dienststelle in Kattowitz und beide geschieden wegen eines KZ-Kommandanten.

Mein wirkliches Leben, sagten sie, ist einfach zu langweilig. Nach langem Kampf hatte ich das Schlimmste verhindern können. Als dann der vorgesehene Regisseur nachdenklich vor der Besetzungsliste stand und mich fragte: »Aber wer spielt Sie?«, sagte ich, etwas verdutzt: »Ich dachte ich?«

Und er: »Nee, Sie sind nicht der Typ.«

UNBEIRRBAR. UNERMÜDLICH

Fast sieben Jahre lang waren wir unterwegs mit unserem Programm über das Lügen. Gestern habe ich sie weggeräumt, alle diese Zettel, voll mit den Zusätzen, Varianten und Texteinschüben, die Dieter zu jeder neuen Vorstellung mitbrachte, die meisten auf der Schreibmaschine getippt, einige auch handschriftlich, für mich und ihn säuberlich auf Hotelpapier fixiert: »Wollen wir das mal versuchen?« Geschrieben hatte er das alles oft unterwegs, auf einen Auftritt wartend, im Zug, auf dem Zimmer.

Kaum je in diesen Jahren kam Dieter ohne solche Einschübe zum Auftritt. Darin hatte er Tagesereignisse, politische Kommentare, auffallende Bilder zu Dialogen verarbeitet, analytisch, einfallsreich, pointendicht. Er war ja nicht Kabarettist, Erzähler, Bühnenarbeiter allein, er war zu einem wesentlichen Teil Autor, legte seine Bücher nicht als bloße Verlängerungen seiner Bühnenprogramme an, sondern als eigenständige Werke, und schließlich wurzelten ja auch alle diese Programme im Geschriebenen.

Dieters Texte setzten oft einen Panoramablick über die Tagesnachrichten voraus, die er in Kurzschlüssen verband, in neue Proportionen brachte, sprachkritisch ergründete in einer akribischen Arbeit, in der Beobachtungen geschliffen, Pointen gekeltert wurden. Vor allem aber musste all dies erst einmal vor Publikum taugen. Ich hatte also das Privileg, Dieters Vorkoster zu sein, und wenn sich eine Passage dann auf der Bühne bewährte, schaute er mich verschmitzt an, triumphierend und sehr jung.

Einen wesentlichen Teil seiner 86 Jahre Leben hat Dieter dem Publikum gewidmet, und wir können immer noch nicht genug kriegen. 86 Jahre, und doch kam der Tag nach seinem letzten Tag abrupt, und viele hoben den Blick von der Zeitung auf und fragten: Wie sollen wir jetzt denken, kommentieren, Zeitgenossen sein? Es werden viele solcher Tage kommen. Es sind Beobachtungen in der Luft, die niemand machen wird, es schwirrt vor heimatlosen Einfällen, und man ahnt allenfalls, in welchen Bahnen Dieter gedacht hätte.

Mit ihm ist eben nicht einer gegangen, dessen Leben erfüllt war und von dem wir gelassen Abschied nehmen können. Nein, er war ein Unverzichtbarer, dessen Werk sich in den Biographien so vieler festgesetzt hat, und damit meine ich nicht die kabarettistischen Geheimlogen und Brettl, sondern die Lebensgeschichte des Volkes der Kellner und Taxifahrer, Bahnschaffner und Rezeptionistinnen, Krankenschwestern und Lehrer, die nach seinem Tod alle von »ihrem« Dieter Hildebrandt redeten und immer neue, oft rührende Geschichten erzählten! Es ist einzigartig: Wie kann ein Mensch dem Volk so viel von dem sagen, was es eigentlich nicht hören wollte, und so viel Liebe auf sich ziehen!

Man muss einen Menschen nicht dafür preisen, dass er alt geworden ist, sondern für die Entscheidungen seines Lebens: abertausende von kleinen und großen Entscheidungen, immer wieder für die richtige Sache, den guten Gedanken, den bedürftigen Menschen. Der Humanist hat ein Bild vom ganzen Menschen und seiner Würde, hat die Courage, sich zu schaden, schützt die Seinen und ihren Lebensraum, er versteht die Herrschaft der Mehrheit als ein Protektorat für die Minderheit, und er hat eine eigene Ehre, die auch einschließt, mit dem Recht des öffentlichen Redens verantwortlich umzugehen.

Keine Erfahrung, keine Enttäuschung, kein Schrecken über

Erlebtes, keine Verbotsmaßnahme gegen ihn konnte Dieter bitter werden lassen. Nie hätte er einen Satz gesagt, der zum Schaden der Bedürftigen oder ihnen gegenüber verächtlich gewesen wäre! Niemanden hätte er jemals sehenden Auges seinem Unheil überlassen, nichts getan oder gesagt, mit dem er Zerstörung in Kauf genommen hätte! Und zugleich war sie unübersehbar an ihm, seine Schüchternheit, seine Zartheit, die die seines Gewissens, aber auch die seines Naturells war.

Dieter Hildebrandt hat sein Publikum erinnert, was wichtig und was unwichtig, was belanglos, was unverzichtbar ist, er hat zwischen dem Eigentlichen und dem Uneigentlichen zu unterscheiden gelehrt. Daran hing er, das war seine Sache, ein Bühnenleben lang, und vor allem hat er, was zu sagen war, in der generösen Form des Witzes gesagt. Doch war es ihm ernst. Am Ende aller Ironie stand er für den gemeinten Satz, den belastbaren, hinter den man die ganze Person bringen und für den man notfalls durchs Feuer gehen muss.

In seinen Geschichten war Dieter so oft ein junger Mann, und etwas Junges sollte ihm immer bleiben, auch dies war eine Qualität seiner Jugend: das Leuchten in seinen Augen bei der Begrüßung, das niemals trüb wurde, das Es-faustdick-hinter-den-Ohren-Haben, die Liebe zum Unbotmäßigen, zum Über-die-Stränge-Schlagen. Ja, er war der Junge noch, doch blickte er auf ein Leben voller Zeitgeschichte und hatte selbst als Jüngling schon die Biografie eines Reifen. »Als das erste Mal auf mich geschossen wurde…« So begann sein letztes Buch zu Lebzeiten.

Dieses Buch des Nachlasses nun bewahrt die Erinnerung an einen, dem das Schreiben, Gedanken-Fassen, Weiterdenken, Formulieren, Genauigkeit-Herstellen Lebenselement war. Darüber hinaus gibt es sehr wenige Menschen, die ein ganzes Genre nicht allein bewahrt, sondern es definiert haben.

Dieter Hildebrandt hat das Kabarett aus der Notwendigkeit des Antifaschismus in eine Zeit geführt, die dem Politischen einen großen Horizont gab. Er hat die Notwehr zur theatralischen Bürgerinitiative erhoben, hat die Außerparlamentarische Opposition, das deutsch-deutsche Kabarett gefördert, hat unzählige Hilfsorganisationen und humanitäre Initiativen unterstützt. Er hat gesehen, wie das Kabarett verschwand, weil die Intendanten es nicht schützten, hat Nonsens, Comedy, Intelligente und Einfältige kommen und gehen sehen und erlebte zuletzt, dass der Nährwert der Früchte dieser 10. Muse wieder hoch gehandelt wurde. Er selbst eröffnete seinen jüngsten Laden noch im Internet, wo er unter »stoersender.tv« gleichermaßen die uneingeschränkte Freiheit des Denkens und Redens genoss, wie die Aufmerksamkeit eines auch jüngeren Publikums.

Viel Vergangenheit hatte er, und doch sagte er nie: Zu *meiner* Zeit. Jede war seine Zeit. Alle jungen Kollegen, sofern sie nicht läppisch waren, konnten sich seiner Aufmerksamkeit sicher sein, seines Appetits auf etwas Neues, Anderes, Wahrhaftiges. Er war ein so stiller wie großherziger Mentor auf der Suche nach Komplizen, war ein unermüdlicher Textarbeiter, dessen Wirklichkeitshunger nie nachließ, einer, dem dauernd Ideen kamen, der bis zuletzt so pointendicht schrieb, und die Pointe sitzt bei Dieter oft nicht hinter dem Busch, wo man sie vermutet, sondern irgendwo, wo man selbst den Busch nicht vermutete.

Heute lesen wir seine letzten Texte und haben dazu seine Stimme im Ohr, ahnen, wie er das eine oder andere gebracht hätte, gerne kraftvoll, hoch präsent und ebenso gerne im Wegsprechen, Abirren, Insinuieren, Verhaspeln, und was ist dieses Stilmittel des Verhasplers anderes als der Gedanke auf dem Weg zu sich selbst? Das In-die-Irre-Gehen ist eine Grundbewegung des Denkens. Dieter hat sie transparent gemacht, aber er hat auch gelehrt, Menschen in ihrer Sprache zu erkennen und zu demaskieren. Seine Sprache ließ tief blicken in die Integrität und die Empfindsamkeit seiner Haltung, und Haltung, so rar sie ist, schließt auch ein genaues Verständnis dessen ein, was sein und was nicht sein soll. Sie ist also im Kern moralisch. Das legitimiert sie.

Um Selbstlegitimationen ging es auch in einer Interviewkolumne mit dem Titel »Warum machen Sie das«, die ich im *Zeit Magazin* führte, bis ich sie 2009 wegen redaktioneller Eingriffe aufgab. Für die letzte Ausgabe nahm ich mir etwas eigentlich Unmögliches vor: Ausgerechnet mit Dieter Hildebrandt ein Nonsensgespräch zu führen, in dem er begründen sollte, warum er das mache, ohne zu sagen, was genau das war, was er da mache. In seinem Versuch, Sinn und Unsinn, Leben und Tod in einer Sphäre der Heiterkeit aufzulösen, soll es hier noch einmal erscheinen, klingt es doch heute anders nach:

RW: *Sie sind mir einer!*

DH: Wollen Sie damit meine Einzigartigkeit betonen?

So wie Sie macht es jedenfalls keiner.

Das hoffe ich doch. Mich hat noch nie einer kopiert.

Was sollte es an Ihnen auch zu kopieren geben?

Wenn Sie das freundlich meinen, bin ich einverstanden.

Freundlich oder nicht, Sie machen das jetzt schon so lange.

Was sollte ich denn sonst machen.

Na, den Hund ausführen zum Beispiel.

Ich habe zwei.

Und sonst so?

Muss ja.

Eigentlich waren Sie doch immer zornig.

Noch eigentlicher war ich immer gutmütig.

Wo ist Ihr Zorn geblieben?

Verflogen.

Möchten Sie es Ihrem Zorn nie gleichtun?

Und ob. Eigentlich möchte ich ein Engel sein, der sich im Nebel verfliegt.

Über dem Erdinger Moos?

Da kollidiere ich mit der Lufthansa.

Sie sind doch schon mit ganz anderen Sachen kollidiert!

Aber ohne Personenschäden zu verursachen.

Helmut Markwort sieht aber schon lädiert aus.

Das bin nicht ich. Das ist sein Zusammenprall mit der Wahrheit.

Aber der macht immer so weiter.

Das mache ich auch.

Warum machen Sie das?

Einer muss es machen.

Stimmt, das muss man auch mal so sehen.

Was machen Sie so?

Fragen stellen, Steine melken.

Und warum machen Sie das?

Ich habe keine Antworten.

Aber darauf werden Sie doch hoffentlich eine haben.

Worauf?

Warum Sie das machen?

Wenn ich's nicht mache, macht's ein anderer.

Kennen Sie den?

Ich kenne mich ja selbst kaum.

Und mit welchem Recht machen Sie dann immer weiter?

Sie haben recht. Ich höre auf.

Mit allem, was Sie so machen?

Das Rhönrad werde ich beibehalten.

Man hat ja sonst nichts.

Sie machen mir Spaß!

Ihre Ansprüche sind nicht sehr hoch.

Da sagen Sie was!

Mein Lebensziel habe ich ohnehin nicht erreicht.

Und wer außer Ihnen hätte es gekonnt! Was wollten Sie denn?

(flüstert) Jan Ullrich …

Sie glauben ihm immer noch.

Seine Leistung war epochal, wobei das Epo schon enthalten ist.

Aber Sie wollten von Ihrem Lebensziel sprechen.

Einmal mit dem Fahrrad auf den Tourmalet.

Ganz allein?

Nein, hinten mit einer Bergziege angebunden.

Das hätten Sie mal machen sollen!

Ich bin demütig und bleibe im Tal.

Und werfen einen langen Schatten.

Einer muss ihn ja werfen.

Ja, hat Ihr Leben denn sonst keinen Sinn?

Wolfgang Neuss hat mal gesagt: »Heute mache ich mir nichts zu essen, heute mache ich mir Gedanken.«

Neuss ist tot.

Das ist die Gemeinheit. Kurz vor dem Tod hat er mir versprochen: Wenn ich tot bin, fährt mein Geist in dich.

Und, spüren Sie schon was?

Ich warte.

Da können Sie lange warten.

Irgendwas muss man ja machen.

Ach, deshalb machen Sie das!

Ich fürchte: Ja.

Roger Willemsen